RECETTES RAPIDES POUR SPORTIFS AFFAMÉS

RECETTES RAPIDES POUR SPORTIFS AFFAMÉS

SHALANE FLANAGAN ET ELYSE KOPECKY

PHOTOGRAPHIES ALAN WEINER

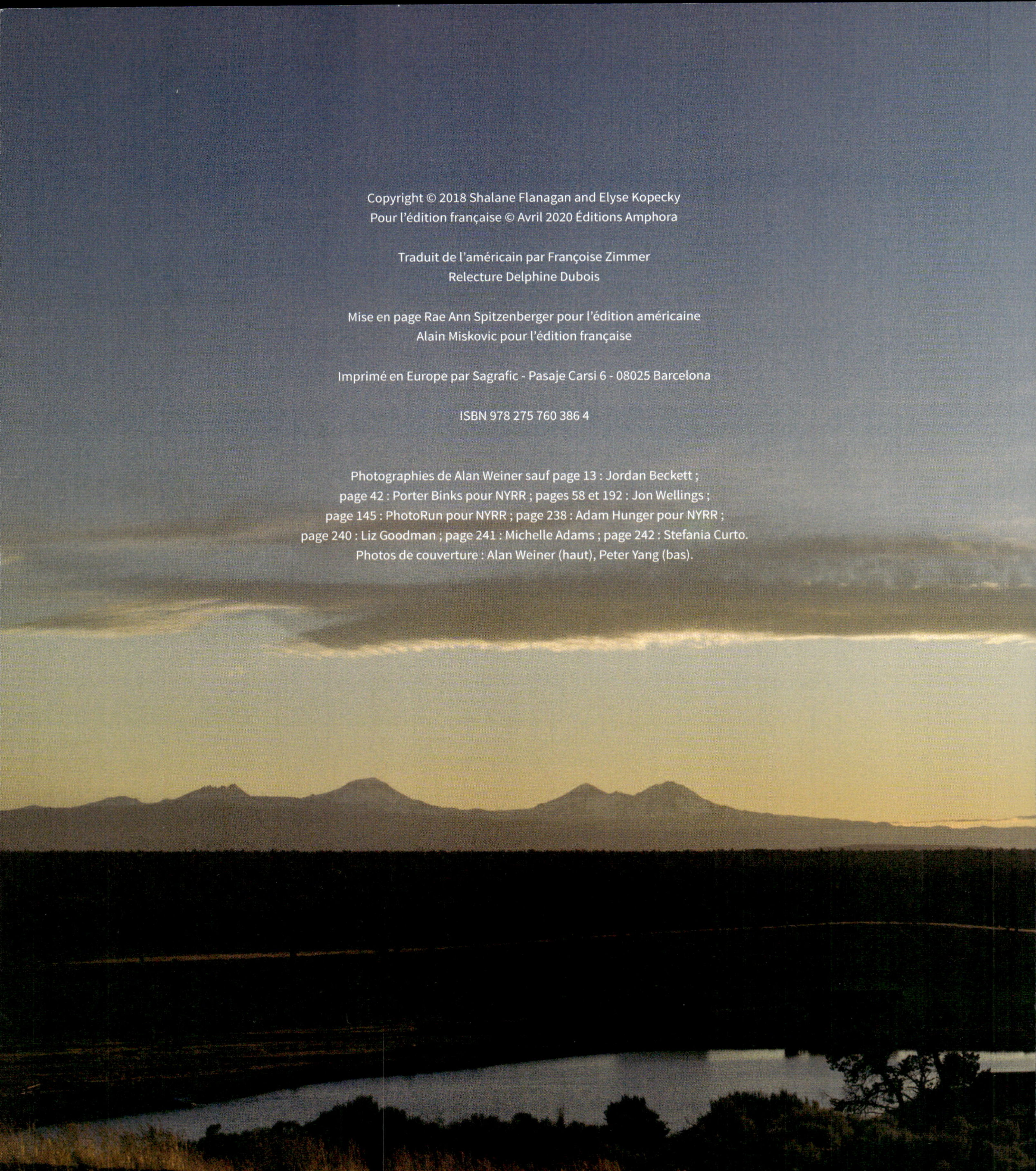

Traduit de l'américain par Françoise Zimmer
Relecture Delphine Dubois

Mise en page Rae Ann Spitzenberger pour l'édition américaine
Alain Miskovic pour l'édition française

Imprimé en Europe par Sagrafic - Pasaje Carsi 6 - 08025 Barcelona

ISBN 978 275 760 386 4

Photographies de Alan Weiner sauf page 13 : Jordan Beckett ;
page 42 : Porter Binks pour NYRR ; pages 58 et 192 : Jon Wellings ;
page 145 : PhotoRun pour NYRR ; page 238 : Adam Hunger pour NYRR ;
page 240 : Liz Goodman ; page 241 : Michelle Adams ; page 242 : Stefania Curto.
Photos de couverture : Alan Weiner (haut), Peter Yang (bas).

À la communauté des coureurs,
pour votre foi, votre soutien affectueux
et vos encouragements.
—Shalane

Pour Lily et Rylan,
mes adorables petits compagnons en cuisine.
Vous préparer chaque jour des repas appétissants
m'apporte une joie sans fin.
—Elyse

SOMMAIRE

Courir accentue le bien-être.
Courir unit.
Courir crée une communauté.
Courir nourrit l'âme.
Courir pour des amitiés à vie.
Courir pour la santé.
Courir pour le bonheur.
Courir clarifie la pensée.
Courir rend le corps plus fort.
Courir est un travail acharné.
Le travail acharné est une récompense.
Courir devrait vous réjouir.
Goûtez-en chaque foulée.

Shalane

La nourriture accentue le bien-être.
La nourriture unit.
La bonne nourriture rassemble les gens.
La nourriture est le battement de cœur des communautés.
La nourriture authentique nourrit le corps et l'esprit.
La nourriture est la santé.
La santé est le bonheur.
Cuisiner pour les autres est le plus beau des cadeaux.
Cuisiner est une action méditative et réparatrice.
Cuisiner est un travail acharné.
Le travail acharné a un goût incroyable.
La nourriture devrait vous réjouir.
Goûtez-en chaque bouchée.

Elyse

INTRODUCTION

Quand nous avons commencé à écrire notre premier livre, *Run Fast. Eat Slow.* en 2014, nous pressentions un message influent propre à aider les coureurs. Mais ce n'est que lorsque nous avons commencé notre tournée de lectures, deux ans plus tard, que nous en avons mesuré l'impact auprès de la communauté des pratiquants de course à pied.

De San Francisco à Seattle, de Portland à Chicago et de Charlotte à New York, nous avons couru à vos côtés, relu et partagé des extraits du livre et noté quelles recettes étaient devenues basiques dans vos foyers. La foule des passionnés nous a applaudies lorsque nous avons expliqué pourquoi une nourriture saine ne se résumait pas à du jus de chou frisé, mais aussi à un hamburger juteux. Et nous avons entendu des témoignages comme celui-ci :

> ***Ce fut un rêve devenu réalité de courir avec vous la semaine dernière ! Vous faites la promotion d'un message critique envers les athlètes, en particulier féminines. En tant que membre de l'équipe UNC de Cross Country et entraîneuse des* Girls on the Run*, je vois beaucoup trop de femmes et de jeunes filles qui peinent à adopter de saines habitudes alimentaires correspondant à leur entraînement. En fait, je pense qu'il est plus difficile de trouver, au lycée ou à l'université, une jeune pratiquante qui ne souffre pas d'aménorrhée sportive plutôt qu'une qui en pâtit. J'espère que vous pourrez atteindre le plus grand nombre d'athlètes possible avec votre livre de recettes et votre tournée de lecture !***
>
> –***EMMA MARIE ASTRIKE-DAVIS,*** *ÉTUDIANTE DE L'UNC CHAPEL HILL*

Nous fûmes comblées d'apprendre que des lycéennes et des étudiantes, des mères qui travaillent et même des athlètes d'élite qui s'étaient perdues dans des tendances diététiques néfastes ou des habitudes alimentaires désordonnées, avaient lu notre livre d'un bout à l'autre et découvert les bienfaits de la vraie nourriture (voir de nombreux extraits de vos lettres à partir de la page 240).

L'une des dernières étapes de notre périple (Chapel Hill) fut la plus féconde, la plus nostalgique et en définitive la plus émouvante.

Il y a plus de 18 ans, nous nous étions rencontrées au sein de cette association en première année de l'équipe de ski de fond. Nous ne trouvions alors rien de mieux que de grignoter des « Muffins de super-héros » (voir page 60) alors que nous nous dirigions vers l'est de Charlotte. Nous avons fait un signe de la main à notre ancienne université de *Green Street* (toujours debout !) et avons remarqué que les garçons de *Franklin Street* avaient exactement la même apparence (certains styles ne changent jamais !).

Nous nous sommes dirigées vers le magasin *Fleet Feet Carrboro* pour nous joindre à une course avant notre entretien. Les participants se tenaient groupés près de la porte d'entrée, beaucoup d'entre eux revêtus d'un tee-shirt à la gloire de *Run Fast*. Le personnel du magasin a utilisé un mégaphone pour souhaiter la bienvenue à tout le monde et la foule s'est resserrée pour un selfie amical. Le trajet vers notre campus universitaire fut marqué de multiples propos fraternels et d'un enthousiasme qui nous fit chaud au cœur. Dès que nous pûmes nous isoler, nous avons sorti un stylo et du papier et avons commencé à noter des idées pour ce livre. Soudain, à Chapel Hill, tous les courriers des fans, les récits partagés pendant les courses et les questions-réponses en public aboutissaient à un message impératif : « Shalane et Elyse, écrivez un autre livre de recettes ! Et cette fois-ci, faites en sorte que les coureurs soient encore plus rapides en piste. » C'était comme la détonation d'un pistolet starter et nous avons réalisé qu'il y avait plus de travail à faire, plus d'athlètes à atteindre et plus de recettes à écrire et à partager.

Dénoncer certaines phobies alimentaires enracinées ou la dépendance aux aliments transformés n'est pas chose facile et ce livre prouve que « rapide » et « nourrissant » ne s'excluent pas mutuellement. Quand vous vivez intensément, des aliments nutritifs doivent vous accompagner. Sans que cette nourriture doive pour autant prendre beaucoup de temps, être fade ou ennuyeuse. Nous avons conçu chaque recette de cet ouvrage pour être directement accessible sans compromettre la saveur ni la nutrition.

Que vous soyez jeune athlète, étudiant absorbé, parent débordé, cuisinier débutant ou coureur de compétition : cuisinez vite et mangez lentement ! Nous vous aiderons à préparer chaque jour des repas adaptés.

Merci pour vos témoignages de dévouement et de persévérance. Vous avez tant inspiré chacune de ces pages !

PRÉPAREZ-VOUS À MAÎTRISER VOTRE VIE FUTURE.

Shalane et Elyse courant côte à côte à Portland (Oregon), puis participant à une réunion consacrée au premier volume, réunion organisée par Nike Running.

RUN FAST. EAT SLOW.
EUGENE KNOWS
PACER

RUN FAST. EAT SLOW.

HISTOIRE VRAIE DE LA NUTRITION DE SHALANE

Lorsque j'abandonnai les épreuves du 5 000 et du 10 000 mètres pour le marathon, mon entraînement nécessita de doubler les distances auxquelles j'étais habituée. Ce fut alors que je réalisai combien mon régime alimentaire était essentiel pour me permettre de subir cette épreuve supplémentaire. Courir 17 ou 24 *miles* exténuants chaque jour m'a laissée désemparée. Et je me suis retrouvée à rechercher des frites, des chips, des barres transformées ou des céréales comme en-cas entre les repas ou avant de me coucher. Je pressentais que ce n'était pas idéal, mais je palliais une éternelle fringale !

Il y a quatre ans, intervint Elyse et sa sagesse nutritionnelle. Et ce fut fini des envies sauvages de collations désordonnées.

L'apprentissage de la cuisine est l'un des plus beaux cadeaux que j'ai reçus pour améliorer ma carrière de compétitrice.

Elyse m'a appris que cuisiner pouvait être amusant plutôt qu'écrasant. Elle m'a montré comment procéder avec des matières grasses saines pour accentuer la saveur et les valeurs nutritives. Elle m'a également dit de cesser de compter les calories et que les seuls chiffres dont je devais me préoccuper étaient ceux affichés par mon chronomètre et les kilomètres enregistrés chaque jour. Pour moi, toutes ces recommandations faisaient figure d'idées révolutionnaires.

À l'université, j'étais tombée dans le piège trompeur selon lequel toutes les graisses étaient nocives et faisaient grossir. J'ignorais que l'ajout de matières grasses saines me rassasierait et me préserverait. Cette nouvelle façon de m'alimenter m'a donné plus d'énergie et m'a permis de récupérer plus rapidement après des exercices intensifs. Disposant de réserves de tonicité, j'ai retrouvé de l'enthousiasme pour mon entraînement et mes courses. Gagnant-gagnant, le repas à base de poulet !

Depuis ces apports de bonnes matières grasses et d'ingrédients sains et complets dans mon alimentation, mon poids de compétition est désormais idéal, sans décompte de calories. Alléluia ! Fini de paniquer dans les semaines précédant une compétition majeure.

Cette année, j'ai eu 36 ans, âge critique dans le monde de l'élite sportive, et je suis convaincue que le fait de changer de régime alimentaire m'a permis de prolonger ma carrière. L'année dernière, j'ai participé à mes 4e Jeux olympiques et suis devenue la première femme américaine en 40 ans à remporter le marathon de New York.

Je cours mieux que jamais. Mon souhait pour chacun est de ressentir la même chose. Libérez-vous ! Laissez-vous tenter par nos délicieuses recettes et fixez-vous des objectifs audacieux pour le plus grand bien de votre âme !

Shalane

HISTOIRE VRAIE DE LA NUTRITION D'ELYSE

J'ai commencé à courir en classe de cinquième et j'ai souffert d'aménorrhée sportive (absence de règles) pendant 15 ans. Les médecins m'ont dit que j'aurais du mal à tomber enceinte un jour et m'ont prescrit des hormones artificielles. Aucun n'a jamais suggéré que je modifie mon régime alimentaire.

À 30 ans, j'ai eu la chance de travailler en Suisse et tout a radicalement changé. Je suis passée des yaourts allégés à ceux au lait entier, de tristes et fades blancs de poulets au poulet rôti entier, des produits laitiers transformés au vrai beurre et des hamburgers végétariens congelés à ceux de bœuf nourri en pleine nature.

Ce régime alimentaire permissif, que j'avais préalablement appris à qualifier de malsain dans notre pays, me rendit plus forte que jamais, plus heureuse et en meilleure santé.

Pour la première fois de ma vie, j'eus mes règles naturellement et je ne dus pas abandonner le sport que j'aimais. Mon séjour en Europe m'a appris que la nourriture pouvait être un art et un plaisir. Ainsi est née ma passion pour la cuisine et j'eus hâte d'en apprendre plus sur la nutrition. Cette expérience a tellement changé ma vie que j'ai abandonné une carrière en marketing et que je suis revenue à New York pour étudier la diététique au *Natural Gourmet Institute.*

Quand j'ai terminé ces études et retrouvé mon mari à Portland, nous étions prêts à fonder une famille. Pour notre plus grand plaisir, je suis tombée enceinte dès le premier mois. La joie que ma fille, Lily, a apportée à notre vie m'a incitée à franchir le pas et à poursuivre mon rêve d'écrire *Run Fast. Eat Slow*. Je savais que mon histoire pourrait aider des milliers de femmes.

Et tout allait de mieux en mieux. Lily demanda un frère ou une sœur lorsqu'elle eut 2 ans, mais j'étais alors en plein milieu de notre tournée de lecture. Mon mari et moi avons décidé d'attendre la mise en route du second volume avant d'affronter les difficultés d'une nouvelle naissance. Puis, le temps passant et à notre grande surprise (plus, pour être honnête, quelques larmes et un peu de stress), dès la première tentative, j'attendis un nouveau bébé. Précieux témoignage des bienfaits de mon nouveau régime. Alors je courais mieux que lors de mes années universitaires (et enfin libérée des fractures de fatigue) et parcourais facilement les sentiers de montagne sans fin de notre nouvelle résidence : Bend, en Oregon.

Pressée par le temps, j'ai aussitôt commencé à écrire et à développer les recettes de cet ouvrage. Par une heureuse coïncidence, j'ai été enceinte pendant la conception de ce deuxième livre tandis que Shalane s'entraînait pour disputer le marathon de New York. Ainsi avions-nous également soif de nouvelles recettes. Les repas que nous avons élaborés nous ont gardées sous tension tout en œuvrant de longues heures (Shalane sur les routes de Mammoth et moi dans la cuisine à Bend) et nous ont permis d'atteindre des objectifs très différents (Shalane remportant un marathon majeur, et moi concluant une autre grossesse en bonne santé). J'ai terminé le manuscrit quelques jours seulement avant la naissance de notre adorable fils, Rylan, le 22 septembre 2017.

Je continue de bénéficier des recettes publiées pour satisfaire les exigences des soins de la première enfance et pallier mes nuits blanches.

La maternité est l'accomplissement le plus gratifiant de ma vie et je suis heureuse d'avoir l'occasion d'aider d'autres femmes à préserver leur corps pour le long terme.

Elyse

Elyse, enceinte de 38 semaines, avec son mari, Andy Hughes, et leur fille de 3 ans, Lily, dans leur jardin à Bend, Oregon.

1 EN ROUTE...

« Manger sainement n'est pas seulement boire du jus de chou kale : essayez donc un steak juteux. »
—ELYSE

Déterminer comment nourrir votre corps de manière optimale pour une vie active, heureuse et en bonne santé est un défi de taille. Nous vivons dans une société qui, tout à la fois, célèbre la nourriture et la craint. Nous devinons que nous devrions mieux nous alimenter, mais les produits étiquetés « santé » ont la réputation d'être fades et ennuyeux. La science de la nutrition comme les médias oscillent constamment entre ce qui serait bon ou mauvais pour nous, alors que nous sommes trop occupés pour prendre le temps de cuisiner de vrais repas.

Malheureusement, l'avalanche de fausses informations sur une alimentation saine a produit une épidémie de perturbations chez les jeunes athlètes. *« Bien que le désordre alimentaire ne signifie pas nécessairement que l'athlète présente des signes d'anorexie mentale, il existe une évidente corrélation. Nombres d'athlètes ignorent souvent combien de calories sont nécessaires pour atteindre un haut niveau d'activité. D'autres peuvent adopter un régime spécial dans l'espoir d'améliorer leurs performances sans compenser les calories manquantes lorsque des aliments spécifiques sont éliminés »*, déclare Jennifer Carlson (Université de Stanford), qui possède une vaste expérience du traitement du trio « alimentation erratique/aménorrhée/faible densité osseuse » (voir notre entretien complet avec le docteur Carlson à la page 30). Certains régimes anti-matières grasses à la mode peuvent devenir incontrôlables, débouchant sur une relation malsaine à la nourriture et sur de la malnutrition. En fait, dans une étude sur les athlètes de division 1 de la NCAA, plus du tiers des femmes ont montré des tendances au risque d'anorexie mentale (nationaleatingdisorders.org).

Même les consommateurs apparemment bien nourris sont souvent sous-alimentés. Les statistiques exactes sont inconnues, mais les experts estiment que plus de la moitié des athlètes féminines d'endurance ont vécu une aménorrhée sportive. Certaines études concluent qu'elle affecte plus de 65 % des adeptes de la course de fond dès le collège. Cette absence de menstruations, également appelée aménorrhée secondaire ou hypothalamique, est directement liée à un déficit énergétique. Lorsque le corps ne reçoit pas suffisamment de carburant de haute qualité, il commence par économiser sur les systèmes qui ne sont pas nécessaires à la survie. Et celui de la reproduction est l'un des premiers à disparaître.

À plus court terme, une mauvaise nutrition accroît le risque de blessures, fractures de fatigue, anémie, stress, faible immunité, irritabilité, manque de concentration, etc. Les réactions à long terme comprennent un déficit de la densité osseuse, des déséquilibres hormonaux, une diminution du métabolisme, l'infertilité, des maladies chroniques, des risques cardio-vasculaires, voire une dépression.

Dans ce chapitre, nous expliquerons comment manger sainement sans compter les calories, pourquoi ignorer les dernières tendances en matière d'alimentation tout en se mettant à l'écoute de son corps. Nous allons démystifier le mythe autour des matières grasses (apportez le beurre !). Et nous vous apprendrons comment adopter une nourriture authentique pour la richesse des bienfaits qu'elle procure au corps et à l'esprit.

« La nouveauté et le glamour du régime alimentaire occidental, avec ses 17 000 nouveaux produits proposés chaque année et leur dispositif de commercialisation – 32 milliards de dollars par an utilisés pour nous les vendre – ont supplanté le pouvoir de la tradition et nous ont laissés là où nous sommes désormais : compter sur la science, le journalisme, le gouvernement et leur communication pour nous aider à décider quoi manger. »

— **MICHAEL POLLAN**,
DANS *DEFENSE OF FOOD: AN EATER'S MANIFESTO*
(« DÉFENSE DE L'ALIMENTATION : LE MANIFESTE DU CONSOMMATEUR »)

« Si l'exercice est extrêmement bénéfique pour l'esprit et le corps, il peut nuire à la santé s'il est poussé à l'extrême. Les muscles et les os ont besoin à la fois de repos et d'une dotation énergétique considérable pour la régénération des tissus permettant la performance sportive. «Trop de bonnes choses» peuvent affaiblir les jeunes compétiteurs et, paradoxalement, compromettre leur remise en forme. Un apport calorique satisfaisant et des repas équilibrés sont essentiels à un engagement sportif soutenu. »

— CATHERINE M. GORDON, MD, MSC,
CHERCHEUR ET EXPERT CLINIQUE
EN AMÉNORRHÉE HYPOTHALAMIQUE

LA DIÈTE NE FONCTIONNE PAS

Les régimes répressifs apparaissent séduisants avec leurs promesses de perte de poids, d'abdos de bronze et de beauté éternelle. Il n'est pas surprenant que nous soyons si facilement victimes de la dernière tendance en matière de régime. L'industrie de la ligne de rêve, évaluée à 64 milliards de dollars, travaille d'arrache-pied dans tous les médias pour attirer notre attention, ce qui peut faire de la distribution une activité source de confusion et de panique.

Mais la vérité est que les régimes ne fonctionnent pas et mènent à une relation malsaine avec la nourriture. À long terme, la plupart des personnes au régime récupèrent ensuite le poids perdu plus quelques nouveaux kilos.

Il existe de nombreuses raisons impérieuses pour lesquelles ces régimes ne donnent pas satisfaction. Pour commencer, cela va à l'encontre du fonctionnement de notre corps. Lequel travaille constamment pour maintenir notre équilibre, et lorsque nous limitons l'apport en calories, notre métabolisme réagit et ralentit. En réponse à une diminution de la nutrition, l'organisme produit alors des hormones de stress qui enjoignent aux cellules de stocker des réserves entraînant un gain de poids.

Suivre de tels impératifs amène également à grignoter tout au long de la journée, ce qui n'aide pas à calmer les signaux de la faim. L'esprit veut ce qu'il ne peut pas avoir. Un mois sans chocolat peut entraîner une frénésie alimentaire pour une boîte entière de cookies, ce qui peut engendrer des sensations négatives et une anxiété face aux aliments.

De plus, la restriction des matières grasses saines et des glucides complexes entraîne une carence en énergie qui provoque des envies de sucre. Notre corps finit par exiger la solution la plus rapide possible, à savoir des sucres simples issus de glucides raffinés. Lesquels sont l'un des principaux responsables du gain de poids.

Enfin, suivre un régime n'est guère divertissant. Une alimentation saine ne doit pas être restrictive, fatigante ou sans intérêt. Pas plus qu'elle ne devrait devenir obsessionnelle. La nourriture doit être une fête. Elle exalte notre esprit comme notre corps. Les recettes proposées ici vous aideront à déguster de vrais aliments en toute confiance.

DÉCOMPTEZ LES TEMPS, NON LES CALORIES

« Dans le passé, je ressentais mon alimentation comme un fardeau. Je me demandais si je mangeais correctement et en quoi cela affectait ma performance. Je concentre maintenant mon énergie sur la qualité des aliments au lieu d'en mesurer les quantités. Je passe assez de temps à compter les miles et calculer mes temps de passage en piste. Je n'ai pas besoin d'importer des mathématiques en cuisine. »

—SHALANE

Après le lancement de notre premier ouvrage, nous avons reçu des courriels de coureurs mécontents de ne pas y avoir trouvé le décompte des calories et les dosages de glucides, de lipides et de protéines. Mais, en dépit de ces quelques regrets, nous avons enregistré une large majorité de fans satisfaits, soulagés de manger sans consulter des chiffres dictant leur appétit. Pour ce deuxième recueil de recettes, nous maintenons notre conviction : le nombre de calories n'a pas sa place en cuisine. Lorsque vous émincez ou coupez en dés des aliments de qualité, l'important est le goût et la satisfaction.

Une calorie est une unité de mesure basée sur des estimations. Repensez au cours de sciences... Savez-vous ce qu'une calorie mesure réellement ? Nous avons vérifié auprès de sources fiables. Elle est définie comme la quantité approximative d'énergie nécessaire pour élever la température d'un gramme d'eau de 1 degré Celsius à une pression atmosphérique normale. Euh ?! En 1824, un scientifique calcula le nombre de calories respectivement dans un gramme de matières grasses, de protéines et de glucides.

Ces estimations datant de près de deux siècles sont encore utilisées sur les emballages des produits alimentaires pour signaler leur charge en calories.

Or nous savons désormais que chacun les brûle à sa façon. Que la digestion et le métabolisme sont des processus complexes qui varient considérablement d'une personne à l'autre. De même que la quantité d'énergie qu'une personne extrait d'un morceau de fromage est variable selon l'individu. Ou que différentes formes d'aliments n'étant pas également assimilées, une calorie provenant d'une amande ne fournit pas une énergie équivalente à celle d'une barre aux fruits secs. Autant de données fluctuantes !

De plus, les personnes qui comptent les calories sont dépendantes des produits emballés puisque ces derniers leur facilitent le calcul. Ceux-là mêmes qui entraînent un gain de poids. Alors que les ingrédients naturels, sans les jolis emballages et les chiffres sophistiqués, nous laissent mieux nourris, plus satisfaits et moins soumis aux excès de table.

Au lieu de suivre des règles préétablies, nous voulons vous apprendre à vous mettre à l'écoute des signaux de faim émis par votre corps à qui vous devez faire confiance. Il peut être difficile de les ressentir si vous mangez constamment en courant ou devant la télévision. Éteignez donc les appareils électroniques pour savourer en toute conscience. Profitez de vos repas avec vos amis et votre famille, mâchez lentement vos aliments afin que votre estomac ait le temps d'enregistrer combien vous consommez. Et surtout, tout ce que vous ingérez doit avoir un goût raffiné pour que vous vous sentiez pleinement rassasié. Cela nous amène à notre prochain point : les matières grasses.

LE GRAND MYTHE DES MATIÈRES GRASSES

« Peut-être avez-vous besoin de plus de beurre dans votre vie. » **–ELYSE**

Pendant des années, on nous a intimé de manger moins gras, car on pensait que cela entraînait un gain de poids et un taux de cholestérol élevé. La réalité est que les graisses insaturées sont essentielles au maintien d'un poids santé et aident votre corps à produire du bon cholestérol. Malgré tous les progrès en matière de nutrition qui réfutent les idées reçues, beaucoup de coureurs éprouvent encore cette peur enracinée des matières grasses. Pendant notre tournée de lecture, on nous a souvent demandé : « *Je ne cours pas 100 km par semaine comme Shalane, alors comment puis-je manger comme elle ?* » Or, que vous soyez un débutant qui s'inquiète pour son premier parcours et tente de perdre quelques kilos ou un athlète d'élite qui s'entraîne pour un marathon, vous aurez toujours besoin de matières grasses saines.

Dans les années 1970, les Américains ont développé une peur des matières grasses après que le gouvernement s'est réuni avec de grandes entreprises du secteur alimentaire pour déclarer que les graisses saturées étaient à l'origine de maladies cardiaques. Peu de temps après, l'industrie des produits transformés a explosé avec des rayons entiers de produits « à faible teneur » voire « sans » matières grasses. Il n'est pas surprenant que, durant cette période, les Américains aient pris du poids à un rythme alarmant.

Or il s'avère qu'un régime riche en graisses insaturées (voir même saturées) est essentiel pour un métabolisme sain, des hormones équilibrées et un sentiment de satiété, autant de facteurs qui préviennent la prise de poids.

Les « bonnes » graisses sont par ailleurs essentielles au fonctionnement du cerveau. Des études montrent qu'elles aident à prévenir la dépression, à équilibrer nos émotions et à améliorer la concentration. Un régime riche en matières grasses est particulièrement important pour les femmes enceintes et allaitantes, ainsi que pour les bébés et les jeunes enfants, afin de contribuer au développement du cerveau.

FIRST QUALITY • GRADE AA • PASTEURIZED
COOPERATIVE

Les vitamines liposolubles telles que A, D, E et K ne peuvent être assimilées sans apport de matières grasses. Lesquelles facilitent le transit de ces nutriments essentiels vers tous les systèmes corporels.

De plus, les corps gras constituent l'une des meilleures sources d'énergie utilisable pour les efforts d'endurance. Beaucoup mieux que le coup de fouet hâtif du sucre, ils fournissent une tonicité équilibrée et durable. Les acides gras à chaîne moyenne (présents dans l'huile de coco, le beurre et le yaourt au lait entier) sont particulièrement efficaces, car ils sont rapidement métabolisés.

Nous sommes même convaincues que le beurre est plus nourrissant pour un athlète que le chou frisé kale ! Vous ne pouvez le croire? Lisez-nous attentivement :

- Le beurre de grande qualité (biologique ou local, issu de bovins nourris à l'herbe) est incroyablement dense en nutriments et fournit les vitamines A, D et E. La vitamine A est essentielle à la bonne marche du système cardio-vasculaire.
- Le beurre est riche en antioxydants, davantage que les grenades ou les myrtilles.
- Mais aussi, issu d'animaux nourris en liberté, en acide linoléique conjugué (ALC), acide gras qui aide à préserver vos muscles. Les athlètes sont souvent obsédés par les protéines, mais elles ne sont pas le seul macronutriment essentiel.
- Le beurre a des propriétés anti-inflammatoires et antimicrobiennes.

Augmente-t-il votre taux de cholestérol ? De nombreuses études montrent que non. Les aliments naturels riches en cholestérol sont essentiels pour aider notre corps à reconstituer ses 6 milliards de membranes cellulaires fabriquées à partir de cholestérol. Lequel est utilisé pour créer des hormones essentielles. Enfin, vous avez besoin d'un bon cholestérol issu d'aliments authentiques pour équilibrer les éléments néfastes.
Cela ne signifie pas que vous deviez vous gaver de beurre, mais que vous pourrez sans craintes savourer notre chou sauté au beurre (voir Verdure sautée au beurre de miso, page 167). Et vous n'aurez pas peur d'ajouter une touche de beurre à votre pain grillé, brocoli ou steak. Si vous suivez un régime végétalien, l'huile d'olive vierge extra, l'huile de noix de coco vierge et les avocats seront d'excellentes alternatives.

Toutes les matières grasses ne sont pas équivalentes. Il reste important de limiter la consommation d'huiles végétales bon marché telles que les huiles de soja et de carthame que l'on trouve dans la plupart des produits transformés. L'huile végétale raffinée est hautement inflammatoire et riche en graisses saturées, ce qui peut faire augmenter le taux de mauvais cholestérol. Comme les matières grasses stockent également des toxines et des produits chimiques, il est donc tout indiqué de préférer des aliments biologiques riches en matières grasses naturelles. Des études montrent que les nutriments sont beaucoup plus faibles dans la viande d'élevage nourrie au grain, tandis que les bons acides gras sont plus élevés dans la viande issue d'animaux paissant en liberté.

Le beurre n'est qu'un exemple des nombreuses graisses festives à introduire dans vos projets culinaires où la variété sera reine. Voici nos préférées que nous utilisons fréquemment dans nos recettes :

- Beurre issu de culture bio
- Oléagineux, graines, beurre d'amande et de noisette
- Huile d'olive vierge extra
- Huile de coco vierge
- Avocats (et huile d'avocat pressée à froid non raffinée)
- Œufs de poules élevées en liberté (appréciez le jaune !)
- Viande rouge (bœuf et bison)
- Poulet noir biologique
- Saumon sauvage
- Sardines conservées à l'huile d'olive
- Yaourt au lait entier biologique
- Fromages vieillis et fromage de chèvre

NOURRITURES AUTHENTIQUES POUR GAGNANTS

« Vous êtes imparfait, définitivement et inévitablement faillible. Et vous êtes magnifique. »

—AMY BLOOM

Dans notre premier livre de cuisine, *Run Fast. Eat Slow.* : Des recettes savoureuses pour les athlètes, nous expliquons en détail comment nous définissons la « vraie nourriture » et quels ingrédients nous conservons dans nos réserves. Si vous n'avez pas relu ces chapitres récemment, ils valent le coup d'œil. Voici, résumé, un bref rappel de leur contenu :

Les « vrais aliments » sont des ingrédients minimalement transformés qui se rapprochent de leur forme naturelle d'aliments complets. Cela signifie qu'ils semblent provenir de la nature et non d'un emballage, aussi clinquant soit-il.

Bien que des aliments comme le yaourt, le fromage mature, le beurre de noix et l'huile d'olive vierge extra soient transformés, nous considérons toujours qu'il s'agit d'aliments complets, car ils comportent peu de modifications et une courte liste d'ingrédients. Si votre arrière-grand-mère les utilisait déjà, c'est probablement une valeur sûre pour vous aussi.

Les aliments de base de notre régime alimentaire comprennent essentiellement les graines entières, les oléagineux, les légumineuses, les produits laitiers, les œufs et la viande issus de cultures bio, le poisson sauvage, les légumes et fruits de saison. Nous proposons une alimentation variée pour nous assurer d'obtenir tout le spectre des micronutriments.

Cela ne signifie pas que nous mangeons uniquement des aliments naturels. Vous non plus.

Nous insistons sur le fait que tout ce que vous proposez à votre corps peut facilement dégénérer en habitudes alimentaires obsessionnelles. Si vous aimez les glaces, allez-y et comblez une envie. Il n'y a pratiquement pas de journée dans la maison d'Elyse sans baguette de pain ou tortilla chips pour accompagner le repas. Et Shalane ne survivrait pas sans sa crème à café ou ses barres de chocolat noir préférées. Faites le plein d'aliments nutritifs et sains, dégustez vos friandises favorites avec modération et passez plus de temps en cuisine : vous serez sur la bonne voie.

Reportez-vous aux passionnants récits de nos fans sur la question de la transformation des aliments à partir de la page 240.

DE L'ÉPIDÉMIE D'HABITUDES ALIMENTAIRES CONTESTABLES

INTERVIEW DE JENNIFER CARLSON, M.D.

Nous avons rencontré Jennifer Carlson, professeure agrégée de médecine de l'adolescence à la faculté de médecine de l'Université de Stanford, et chercheuse de premier plan dans le traitement, chez les athlètes féminines, de l'aménorrhée et de la règle de trois qui les menace (fatigue, perte de poids, fractures liées au stress). Nous souhaitions en savoir plus sur la prévalence des déficiences énergétiques néfastes chez ces sportives. Nous lui avons donc parlé spécifiquement des problèmes qui se développent chez les femmes, mais il convient de noter que les champions d'endurance masculins sont également sujets aux problèmes de santé liés à la sous-alimentation et peuvent également bénéficier de nos conseils.

Q QUEL POURCENTAGE DE JEUNES CONCURRENTES SOUFFRENT, SELON VOUS, D'AMÉNORRHÉE ATHLÉTIQUE ?

▸ Les chiffres – qui varient sensiblement entre les différentes études –reflètent un certain nombre de facteurs plus ou moins pris en compte : Quelles athlètes sont étudiées ? Comment sont posées les questions ? L'enquête examine-t-elle l'aménorrhée ou l'étendue des dysfonctionnements menstruels affectant le sujet ? Selon les écrits, entre 3 et 65 % des athlètes féminines seraient aménorrhéiques, bien que les taux d'autres types d'irrégularités menstruelles (oligoménorrhée, déficit de la phase lutéale) soient encore plus élevés. Dans ma clinique, cette préoccupation est extrêmement courante qui amène souvent telle athlète à consulter son médecin pour une évaluation plus approfondie.

Q SELON VOS DERNIÈRES RECHERCHES, QUELLE EST LA PRINCIPALE CAUSE DE L'ABSENCE DE MENSTRUATION POUR TANT D'ATHLÈTES FÉMININES ?

▸ Même s'il existe de nombreuses raisons pour lesquelles n'importe quelle femme peut ne pas avoir de règles, la cause principale chez les athlètes est un déséquilibre énergétique conduisant à de faibles niveaux d'œstrogène. Si telle consultante ne récupère pas assez de calories pour compenser ses besoins métaboliques de base ainsi que l'augmentation du nombre de calories brûlées au cours de l'exercice (en particulier pour les coureurs), elle aura alors un bilan énergétique négatif. Lequel entraîne la suppression des hormones qui contrôlent la menstruation. Avec un niveau d'œstrogène trop bas, les règles ne se produiront pas régulièrement et l'athlète risquera d'autres complications médicales associées à cette insuffisance (comme des lésions musculaires et osseuses, ces dernières dues à une faible densité minérale).

QUELLE EST LA FRÉQUENCE DES TROUBLES DE L'ALIMENTATION CHEZ LES ATHLÈTES DES LYCÉES ET UNIVERSITÉS ?

▸ Ils sont extrêmement fréquents chez les sportifs. Bien que le désordre alimentaire ne signifie pas nécessairement que l'athlète éprouve un trouble de l'alimentation (soit l'anorexie mentale), il existe une énorme corrélation. Beaucoup ignorent trop souvent combien de calories sont requises pour atteindre un niveau d'activité élevé. D'autres peuvent adopter un régime alimentaire spécial dans l'espoir d'améliorer leurs performances, sans toutefois compenser les calories manquantes lorsque des aliments spécifiques sont éliminés.

Je vois beaucoup de compétiteurs qui consomment de grandes quantités de nourriture dont la teneur en calories et en éléments nutritifs est bien trop faible pour satisfaire leurs besoins énergétiques.

QUELLES SONT LES CAUSES DU CARACTÈRE ÉPIDÉMIQUE DE CES TROUBLES ?

▸ Plusieurs raisons contribuent probablement au désordre alimentaire. L'athlétisme, en général, devient plus compétitif chez des jeunes qui se spécialisent souvent très tôt dans un seul sport. De nombreux conseils diététiques leur sont donnés à tous les niveaux qui ne reflètent pas toujours la courbe des besoins des corps en croissance d'adolescents et de jeunes adultes : cette configuration génère souvent des athlètes sous-alimentés. Notre culture de la nourriture vante également de nombreux modes alimentaires qui peuvent ne pas suffire aux besoins caloriques. Par exemple, si une athlète choisit de devenir végétalienne et sans gluten, il lui faudra beaucoup de temps pour obtenir le volume de nourriture dont elle aura besoin pour ses besoins énergétiques et son équilibre en éléments nutritifs. Heureusement la stigmatisation de ces troubles faiblit peu à peu et les gens commencent à évoquer leurs difficultés. Encore un peu plus de sensibilisation, et celles qui n'ont pas discuté de leurs problèmes dans le passé peuvent, davantage soutenues, le faire désormais.

COMMENT PRÉVENIR LES DÉSORDRES ALIMENTAIRES CHEZ LES PLUS JEUNES ?

▸ L'éducation sur les besoins en énergie et l'équilibre alimentaire est un élément essentiel du maintien de leur santé. Les athlètes et toutes les personnes qui les soutiennent (parents, famille, entraîneurs et coéquipiers) doivent être sensibilisés à l'importance d'une nutrition appropriée et aux signes avant-coureurs d'un déséquilibre énergétique. Ils doivent savoir que rater une période de leur saison ne doit pas être considéré comme un effet secondaire normal, voire pratique, de l'entraînement. Mais plutôt comme un signe anormal de dysfonctionnement qui présente un risque accru de complications à court et à long termes.

Pour plus d'aide sur ce sujet, consultez la *National Eating Disorder Association* (NEDA) à l'adresse nationaleatingdisorders.org. Le site Web regorge de ressources, y compris une trousse à outils en ligne gratuite pour les athlètes féminines (et leurs entraîneurs). La *Female Athlete Triad Coalition* (femaleathletetriad.org) est également une excellente source d'informations.

2 VOS DÉBUTS EN CUISINE

« En plus des kilomètres parcourus, la meilleure chose que les athlètes puissent faire pour améliorer leurs performances, leur santé et leur bonheur à long terme est d'apprendre à cuisiner. »

–ELYSE

Nous vous avons entendus : vos plus grands obstacles à la préparation de repas incroyables et nourrissants à partir de zéro sont le temps et l'argent. Tel est votre ressenti. Dans ce chapitre, nous allons donc partager nos astuces éprouvées pour passer à table au plus vite. Nous vous dirons quels outils de cuisine sont indispensables, comment préparer un repas en champion tout en vous dispensant nos meilleurs conseils pour économiser sur votre budget.

Nous avons soigneusement élaboré chaque recette de ce livre pour vous faire gagner du temps en cuisine. Nous avons éliminé tous les ingrédients qui n'étaient pas absolument nécessaires, brisé les techniques traditionnelles pour simplifier les étapes ; et banni les plats inutiles, tout en veillant à ce que chaque recette soit toujours délicieuse.

Nous aimons cuisiner, mais non passer toute la journée auprès des fourneaux. Nous espérons que ces indications et la simplicité de nos recettes vous permettront de gagner du temps pour vos activités sportives et de balayer toute trace de stress pour ce qui est des trois repas quotidiens.

DES OUTILS POUR GAGNER DU TEMPS

Voici, à cet effet, quelques-uns de nos instruments de cuisine préférés

▸ INSTANT POT (CUISEUR ÉLECTRIQUE À PRESSION)

Cette machine impressionnante fait quasiment tout. C'est une combinaison de mijoteuse et d'autocuiseur qui propose même un réglage « sauté » pour faire revenir les ingrédients. Elle prend beaucoup de place dans un placard, mais vous l'utiliserez si souvent qu'elle figurera probablement en permanence sur votre comptoir. Nous l'utilisons pour cuire du riz, des légumineuses, des céréales, des patates douces, des betteraves, du bouillon de viande, des soupes et des œufs à la coque parfaits.

▸ CUISEUR À RIZ

Si vous n'êtes pas tout à fait prêt à utiliser un cuiseur électrique, nous vous recommandons de vous procurer un autocuiseur à riz, en particulier si les bols de riz font une apparition hebdomadaire chez vous, comme ils le font chez nous (voir page 122).

▸ COUTEAU DE CHEF

Un couteau de chef classique de 20 cm et de haute qualité vaut son pesant d'or. Les recettes de ce livre nécessitent nombre de coupes, car nous aimons les produits frais. Ce couteau tranchant spécifique vous fera donc gagner un temps précieux. Nous vous recommandons vivement de suivre un cours d'habileté dédié à cet instrument essentiel. Quelques compétences de base vous donneront de la confiance (et épargneront vos doigts).

▸ COCOTTES ET POÊLES DE QUALITÉ SUPÉRIEURE

Ces accessoires de première catégorie conduisent mieux la chaleur, ce qui signifie que vos aliments cuiront de manière plus uniforme et plus rapide qu'avec des ustensiles de médiocre qualité. Recherchez des modèles à fond épais en acier inoxydable et/ou en cuivre. Nous ne pourrions pas non plus vivre sans notre poêle en fonte bien culottée (plus vous l'utilisez, plus elle devient efficace).

▸ COCOTTE FRANÇAISE

Nous sommes folles de notre modèle de marque Le Creuset (28 cm, 8 litres) dont la grande taille est idéale pour cuisiner soupes, ragoûts et autres sauces en grande quantité. La fonte conduisant au mieux la chaleur, elle vous fera gagner du temps et servira également de beau plat de service. Sa surface naturelle antiadhésive est facile à nettoyer.
Elle est certes chère à l'achat, mais garantie à vie !

▸ GRANDE PLANCHE À DÉCOUPER

Investissez dans un modèle en bois massif de grande taille afin de pouvoir trancher tous les légumes en une seule fois. Placez un torchon sous votre planche pour l'empêcher de glisser lorsque vous hachez.

▸ CONTENANTS EN VERRE

Faites le plein de ces bocaux ou flacons à larges goulots de différentes tailles à fermeture hermétique, pour stocker les graines, les oléagineux secs, les farines… Étanches, ils sont également parfaits pour émulsionner les vinaigrettes ou emporter vos smoothies. Pour la congélation, préférez les boîtes en plastique alimentaire.

▸ MIXEUR-MÉLANGEUR À GRANDE VITESSE

Les modèles de qualité professionnelle sont chers, mais ils en valent la peine, car ils peuvent également faire le travail d'un robot culinaire. Nous utilisons notre *Vitamix* presque quotidiennement pour préparer des smoothies, des soupes crémeuses, du pesto, de l'houmous, des sauces, du beurre ou du lait de noix, ainsi que pour hacher finement les légumes.

▸ PRESSE-AIL

Le travail de préparation que Shalane préfère le moins étant de hacher l'ail, elle aime ce petit gadget pratique.

LES BONS CONSEILS D'ELYSE POUR GAGNER DU TEMPS

Je suis la première à admettre que cuisiner prend du temps et exige de sérieux efforts. Si vous souhaitez proposer chaque jour des repas nutritifs, vous devrez peut-être vous lever plus tôt le matin, abandonner votre frénésie de Netflix tous les soirs et – oups ! – passer moins de temps au téléphone.

Mais dès que vous aurez commencé à mieux vous nourrir, vous gagnerez un nouveau niveau d'énergie qui vous rendra beaucoup plus productif. À la fin de la journée, alimenter votre corps avec de vrais aliments sains vous rendra plus rapide, et pas seulement en compétition.

Si Shalane peut préparer des bols de riz avec des légumes rôtis, des hamburgers et de la sauce maison après une course d'entraînement de 30 km, vous pourrez tout autant trouver l'énergie nécessaire pour entrer en cuisine. Commençons !

1 ▸ PLANIFIEZ VOS REPAS COMME VOUS ORCHESTREZ VOTRE FORMATION

C'est l'un des conseils les plus difficiles à transformer en habitude, mais il vous fera gagner beaucoup de temps. En planifiant vos repas pour la semaine, vous pourrez organiser vos courses en une seule fois. Moins de visites aux magasins vous permettront également d'économiser de l'argent en prévoyant des repas couplés qui utilisent les mêmes ingrédients. Vous aurez également moins de chance de vous retrouver dans un restaurant de plats à emporter si votre réfrigérateur est déjà bien rempli. Organisez vos emplettes selon les rayons de votre grande surface afin de ne pas vous laisser tenter par des achats impulsifs. (Voir page 41 pour plus d'informations.)

2 ▸ PRÉVOYEZ EN GRANDES QUANTITÉS

Apprenez à cuisiner les recettes les plus usuelles en séries, en particulier pour les plats qui seront facilement congelés (voir conseils à la page 38). Chaque fois que je prépare une sauce ou une soupe, je double la recette. Prenez également l'habitude de préparer à l'avance des ingrédients communs à plusieurs plats. Par exemple, lavez et hachez les légumes pour plusieurs jours en une fois et conservez-les dans des récipients hermétiques. Faites cuire suffisamment de riz ou de quinoa pour plusieurs dîners. Grillez ou rôtissez des légumes accompagnant un plat un soir dont vous mélangerez ultérieurement le surplus avec des pâtes ou du riz.

3 ▸ VOTRE CONGÉLATEUR EST VOTRE MEILLEUR AMI

Beaucoup de sauces et de plats se congèlent parfaitement. Répartissez les restes dans des récipients individuels et conservez-les pour les préparations futures, les déjeuners ou les dîners à venir. Disposer de friandises emballées en portions raisonnables contribue également au contrôle des apports. Vous serez moins tenté de manger toute la fournée de biscuits si vous avez pris le temps de les fractionner et de les congeler pour un usage pondéré.

4 ▸ PRÉSERVEZ UN APRÈS-MIDI

Augmentez la musique, ouvrez une bouteille de vin, téléchargez votre musique favorite, bloquez votre calendrier… Et consacrez un après-midi par semaine à la préparation des repas. Si le quinoa et la sauce sont déjà prêts, tout ce que qu'il vous reste à exécuter est de faire sauter du poulet et des légumes. (Voir «5 choses à faire chaque semaine» à la page 41 et suivez ma préparation de repas hebdomadaires sur Instagram @elysekopecky).

5 ▸ DÉBUTEZ AVEC LES MEILLEURS INGRÉDIENTS

Des produits frais et de haute qualité nécessitent moins de travail en cuisine pour se transformer en délices. Il existe une énorme différence de goût entre les produits expédiés depuis l'autre côté du monde et ceux cultivés localement. Ces derniers sont cueillis au plus fort de leur fraîcheur et livrés avant que les nutriments et les saveurs ne commencent à se dégrader. La viande, les œufs et les produits laitiers biologiques achetés sur place sont également plus nutritifs. Issus des fermes familiales, ils sont souvent plus chers, mais de meilleure qualité. Voir « Organiser votre stratégie d'achats » et « Conseils pour le budget » à la page 39.

6 ▸ AIMEZ LES RESTES CRÉATIFS

Nombre de restes de plats principaux de cet ouvrage peuvent être recyclés pour plusieurs repas. Notre façon préférée de les utiliser est de les incorporer à du riz (voir page 122). De petits restes peuvent être transformés en garnitures de pizza savoureuses, utilisés en tant qu'ingrédients pour une farce ou ajoutés à des pâtes. Si vous cuisinez pour une famille, adaptez vos recettes en quantité pour vous assurer des restes (voir conseil numéro 2).

7 ▸ ENRÔLEZ VOTRE TRIBU

Ensemble, restez ensemble ! Cuisiner en famille ou avec des amis est très amusant. Si vous êtes étudiant, demandez à vos colocataires de cuisiner à tour de rôle un repas pour toute la maison. Si vous êtes célibataire et que vous travaillez, créez un club de cuisine mensuel où chacun apporte un double de repas fait maison qui convient au congélateur. Si vous êtes parent, amenez vos enfants à la cuisine. Ils aimeront goûter un nouveau plat s'ils ont aidé à le préparer.

8 ▸ LISEZ LA RECETTE ET PRÉPAREZ LES INGRÉDIENTS

Avant de vous plonger dans l'étape 1 d'une recette, il est essentiel de la lire en entier. En connaître les étapes à l'avance vous permettra d'économiser du temps et d'éviter toute surprise indésirable (par exemple les temps de trempage ou de macération qui nécessitent de s'y prendre la veille). Vous pourrez également travailler beaucoup plus rapidement si vous avez tous les ingrédients préparés à l'avance. Dans nos recettes, les instructions d'apprêt des légumes apparaissent dans la liste des ingrédients et non dans les étapes.

9 ▸ CONSERVEZ LES FONDAMENTAUX

Garnissez vos réserves de tous les produits de base comme les farines, les céréales, les légumineuses, les pâtes, les vinaigres, les huiles, les oléagineux et les assaisonnements, et vous gagnerez du temps en courses urgentes. Cela vous permet d'éviter de vous perdre dans des allées sans fin d'aliments emballés lorsque vous courez juste chercher des ingrédients frais pour le dîner. Vous pourrez ainsi vous en tenir au périmètre extérieur du magasin, là où sont présents les produits frais. Si vous avez besoin de plus de conseils, consultez le chapitre sur la manière d'aménager votre garde-manger dans notre premier livre de recettes.

10 ▸ PLANIFIEZ COMME UN CHEF

Dès que vous maîtriserez la cuisine, vous découvrirez qu'il est amusant de diversifier vos activités en vrai professionnel et de gérer plusieurs cuissons en même temps. Par exemple, pendant que la soupe mijote, faites cuire des œufs durs ou du quinoa pour le déjeuner du lendemain. En attente du préchauffage du four ? Mixez un smoothie pour le petit déjeuner. Votre four peut également effectuer plusieurs tâches à la fois. Pendant que le poulet cuit, ajoutez quelques patates douces ou des betteraves sur la clayette supérieure pour les dîners à venir. Ou encore, lorsque vous préparez des biscuits, faites griller un plateau de noix ou de noisettes. Veillez simplement à régler plusieurs minuteurs de cuisine pour pouvoir tout garder en mémoire !

CONSEILS POUR LE BUDGET

Disons-le d'entrée : manger sainement coûte cher. Mais vous le valez bien. Pensez-y en termes d'investissement pour votre futur.

En achetant maintenant des aliments sains et efficaces, vous économiserez beaucoup en coûts médicaux pour des maux à venir. Par exemple, une bonne nutrition peut prévenir les blessures habituelles du coureur, telles que les fractures de fatigue. Les radiographies et quelques séances de kinésithérapie coûtent bien plus cher qu'un mois d'achats de grande qualité.

Voici une statistique choquante : les Américains consacrent moins pour se nourrir que les habitants des autres pays du monde. Soit, selon le département américain de l'Agriculture, seulement 6,4 % du revenu des ménages. Nous souhaitons tous que les aliments soient bon marché, mais les moins chers sont souvent sans grande valeur nutritionnelle et directement liés à un large éventail de problèmes de santé.

1 ▸ ACHATS DE SAISON

Vous pouvez certes acquérir des fraises et des tomates en plein hiver, mais cultivées sous serres ou expédiées de pays lointains, elles seront sans saveur et vous coûteront une fortune comparées aux mêmes en pleine saison. Les produits qui parcourent de grandes distances coûtent plus cher et sont moins nutritifs, car ils sont cueillis avant d'être mûrs.

2 ▸ VIVE LE VRAC

Les produits secs comme les farines, les céréales, les légumineuses, les oléagineux et les fruits secs s'avèrent moins chers lorsque vous les achetez en vrac plutôt que préemballés. Ces aliments ont une longue durée de vie et, s'ils sont conservés à l'abri de la lumière, de la chaleur et de l'humidité, ils resteront consommables pendant des mois (investissez dans un ensemble de grands bocaux). De nombreuses épiceries vendent également des épices au poids. Vous pouvez donc choisir la quantité exacte dont vous avez besoin. Mais comme elles perdent rapidement leur flaveur, ne prévoyez que ce que vous utiliserez dans un délai raisonnable.

3 ▸ INSCRIVEZ-VOUS À UNE COOPÉRATIVE

Si vous vous engagez à cuisiner un certain volume de légumes et de fruits, vous pouvez rejoindre une coopérative agricole. Vous recevrez une livraison hebdomadaire de produits locaux et de saison. Ces produits seront beaucoup plus savoureux, frais et nutritifs, que tout ce que vous trouverez, certes moins chers, dans le commerce…

4 ▸ UTILISEZ VOTRE CONGÉLATEUR

Ce précieux auxiliaire peut vous aider à faire des économies si vous le gardez bien organisé et que les aliments sont bien étiquetés. Souvent, les contenants, une fois entrés, n'en sortent plus. Il peut donc être utile de tout étiqueter afin de garder trace de ce qu'ils recèlent (voir le conseil n° 3 dans « Les bons conseils d'Elyse » page 36).

Dans le congélateur d'Elyse, vous trouverez un tiroir abritant la viande achetée en vrac directement auprès d'éleveurs locaux, une étagère vouée aux ingrédients pour les smoothies (vous pouvez sauver des fruits et des légumes qui sont sur le point de se gâter en les protégeant au congélateur), un espace consacré aux aliments complets, aux produits de boulangerie emballés individuellement pour plus de commodité ; enfin, une étagère dédiée aux sauces faites maison, aux bouillons, aux légumineuses et céréales cuites. Elyse congèle également les soupes et les plats cuisinés dans des contenants hermétiques individuels pour les déjeuners de travail rapides. Vous serez moins tenté de commander des plats à emporter si vous avez des repas prêts à l'emploi pour les jours de « grosse faim ».

5 ▸ ORGANISEZ VOTRE STRATÉGIE D'ACHATS

Ne stressez pas devant les rayons surchargés des magasins. Tout ce que vous achetez ne doit pas nécessairement être bio. N'hésitez pas à consulter en ligne les sites « *dirty dozen* » ou « *clean fifteen* » (en France consoglobe.com) qui listent les produits plus ou moins chargés en pesticides. En règle générale, les fruits à peau épaisse comme les oranges ou les melons sont sans danger. Les produits laitiers, viandes et œufs bio, bien que plus onéreux, restent nos privilégiés. Quand on fait ses courses sur un marché local ou directement chez des agriculteurs, on est assuré d'acheter des produits de qualité. Même si les petits agriculteurs ne peuvent pas toujours obtenir une certification bio, leurs pratiques sont dignes de confiance.

6 ▸ REPAS À EMPORTER

Vous économisez lorsque vous emportez votre déjeuner à l'école ou au travail. De plus, les repas faits maison vous garantissent satiété et énergie. Vous aurez donc moins envie d'acheter un en-cas cher dans l'après-midi. Ignorez les sandwichs à la dinde hautement transformés et optez pour l'une des recettes de notre chapitre 5 (« Salades et paniers-repas », page 88). Ces plats ont été conçus pour pouvoir être emballés, car nous savons que vous êtes toujours en déplacement.

7 ▸ UTILISEZ LE FAIT-MAISON

Vous pouvez réaliser vous-même certains des produits les plus onéreux du commerce. Évitez donc les plats cuisinés, les sauces et vinaigrettes préemballées au profit des vôtres.

8 ▸ CONSTITUEZ VOTRE BASE D'INGRÉDIENTS

Achetant moins de produits transformés et empaquetés, vous disposerez de plus de place pour stocker d'authentiques aliments de base lorsqu'ils sont en saison, quand les prix sont au plus bas. Certains, plus coûteux mais à nos yeux indispensables, sont très utilisés dans cet ouvrage : huile d'olive et de noix de coco, vinaigre balsamique, céréales et farines complètes, sirop d'érable, miel, conserves au naturel…

9 ▸ MOINS DE VIANDE, MAIS DE MEILLEURE QUALITÉ

Un dîner végétarien à base de légumineuses, de tempeh (voir page 143), de céréales complètes ou de légumes verts sautés ne vous coûtera que quelques euros. La viande est chère mais vaut pour ses super-pouvoirs de récupération. Si vous avez un budget serré, limitez-en la consommation à quelques repas par semaine ou optez pour des morceaux moins coûteux. Les cuisses de poulet, le bœuf haché ou les sardines en boîte sont à la fois nutritifs et bon marché. En ce qui concerne la viande et les fruits de mer, il est préférable d'en consommer moins sans rogner sur la qualité, notamment en les achetant chez des détaillants locaux.

10 ▸ PRÉPAREZ VOTRE LISTE

Si vous suivez nos astuces permettant d'économiser du temps et planifiez vos repas pour une semaine, vous pourrez organiser vos achats avec une liste de course détaillée. Cela vous évitera d'acheter ces produits inutiles qui finissent par moisir au fond du réfrigérateur. Au cours de la semaine, notez les ingrédients au bord de la rupture de stock. Lors de votre journée consacrée aux courses, écrivez une liste complète des produits sur le côté gauche de la page et les autres ingrédients sur le côté droit. Après avoir choisi, cochez ce qui se trouve dans votre panier en faisant simplement une petite marque de déchirure sur le papier. Nous avons trouvé ce système artisanal simple et rapide, mais vous vous pouvez aussi télécharger une application sophistiquée sur votre téléphone portable !

PLANIFICATION DES REPAS

Réservez 30 minutes de votre temps à la fin de chaque semaine pour planifier les repas de la semaine suivante. Incluez des déjeuners qui peuvent être repris pour vous faire gagner du temps, des dîners qui peuvent être transformés en déjeuners et des menus hebdomadaires de base. Tous les repas ne seront pas nécessairement prévus à l'avance, car certains des meilleurs sont improvisés à la dernière minute avec un assortiment de restes. Prévoyez au moins 3 repas principaux avec des ingrédients stockés dans votre réfrigérateur pour éviter toute panique de dernière minute avec déplacements précipités à l'épicerie. En outre, il est bénéfique de reprendre chaque semaine les chouchous de la famille. Par exemple, Elyse prévoit régulièrement une soirée « bol de riz » (voir Bols énergétiques, page 122) et une réunion pizza chaque semaine, où elle se contente de varier les garnitures en fonction des restes disponibles.

5 CHOSES À FAIRE CHAQUE SEMAINE

Les mères de famille qui travaillent savent que le dîner doit être prévu de bonne heure. Cela empêche les enfants de grignoter et aide à préserver l'heure du coucher. Si les bases sont prêtes à l'avance (voir le conseil n°4 à la page 36), vous pourrez le réaliser en moins de 30 minutes.

Quand sa famille n'est pas partie en camping, Elyse passe ses dimanches après-midi à la cuisine pour préparer les repas de la semaine à venir. Voici les formules de base qu'elle prévoit hebdomadairement. Si vous pouvez gérer trois des propositions ci-dessous, vous méritez une étoile, cinq et vous êtes un grand chef !

1 • Faites cuire une grande quantité de graines naturelles comme le riz, le farro ou le quinoa pour le petit déjeuner (Quinoa à la pêche et à la mélasse, page 69), pour le déjeuner (Salade de céréales aux légumes, page 95) et/ou le dîner (Bols énergétiques, page 122).

2 • Préparez une sauce et/ou une vinaigrette/citronette maison (Chapitre 7, page 170).

3 • Faites rôtir un plateau de légumes (Patates douces du dimanche, page 161 ; Chou-fleur et pommes de terre rôtis, page 162 ; Légumes simplement rôtis, page 159).

4 • Préparez une soupe nourrissante, en hiver, ou, en été, une salade copieuse (Soupe super-nutritive, page 112 ; Soupe au poulet et haricots blancs, page 116. Salade de céréales aux légumes, page 95 ; Salade de chou et edamame à la sauce orange-miso, page 96).

5 • Préparez des collations simples à base d'houmous et de légumes frais, des œufs durs, des sachets de mélange Concentré d'énergie (page 226) pour parcours en plein air, ou choisissez une friandise saine (Muffins des super-héros, page 60 ; Barres de granola à la mélasse, page 229).

MANGER SUR LE POUCE

Nous savons votre vie trop active pour vous asseoir à chaque repas. Et si vous êtes comme nous, les symptômes de la fringale peuvent apparaître, impérieux, à tout instant. Planifiez donc l'urgence à l'avance et prenez l'habitude d'apporter vos rations maison, saines et pratiques, au travail, à l'école, sur le stade ou le parcours. Emportez toujours vos propres en-cas et de l'eau afin de pallier toute tentation d'acquérir des aliments du commerce trop sucrés. Même les barres protéinées sont gorgées d'édulcorants et d'additifs nuisibles !

Plusieurs des recettes de ce livre ont été conçues pour le transport. Les smoothies, les soupes et les salades peuvent être contenues dans des bocaux en verre à large ouverture. Vos créations – friandises et barres énergétiques - seront emballées individuellement pour plus de commodité. Le chapitre 8 (En-cas énergisants) regorge de collations dynamiques et salées. Le chapitre 10 (Prêts pour la course) comprend vos propres recettes originales pour le jour de la compétition et des boissons sportives naturelles.

LES RECETTES FAVORITES DE SHALANE LORS DE SES ENTRAÎNEMENTS POUR LE MARATHON DE NEW YORK

En 2017, Shalane est entrée dans l'histoire en devenant la première femme américaine, en 40 ans, à remporter le TCS New York City Marathon. Voici quels furent ses repas pour atteindre l'objectif audacieux de toute sa vie.

DANS CET OUVRAGE

DANS NOTRE OUVRAGE PRÉCÉDENT

TATA CONSULTANCY SERVICES
TATA
FLANAGAN
2017

LES PLANS DE REPAS EXEMPLAIRES DE SHALANE : *PRINTEMPS/ÉTÉ*

Les repas de saison ci-dessous comprennent des petits déjeuners, des déjeuners, des dîners et des collations faciles à décliner en plusieurs menus. Comprenant une gamme d'éléments nutritifs, les plats sont équilibrés pour vous assurer d'obtenir suffisamment de protéines, de lipides et de glucides complexes. Si vous cuisinez en solo, vous aurez davantage de restes : tenez-en compte pour les repas suivants.

	DIMANCHE	**LUNDI**	**MARDI**
PETIT DÉJEUNER	▸ Pancakes aux flocons d'avoine et aux bananes (*page 80*) avec du beurre de cacahuète ▸ Rondelles de banane ▸ Café-crème	▸ Smoothie framboises-betterave *(page 56)* ▸ Toasts beurrés ▸ Café-crème	▸ Restes de Pancakes aux flocons d'avoine et aux bananes ▸ Œufs brouillés ▸ Café-crème
DÉJEUNER	▸ Salade thaï au quinoa ***(page 90)*** avec un reste de poulet	▸ Salade thaï au quinoa ***(page 90)*** ▸ Œuf dur	▸ Salade thaï au quinoa ***(page 90)*** ▸ Pain beurré
COLLATION	▸ Granola aux bretzels ***(page 191)*** ▸ Banane ▸ La boisson sportive naturelle de Shalane ***(page 233)***	▸ Carrés chocolatés à la noix de coco et aux noix de cajou ***(page 225)*** ▸ Pêche	▸ Houmous aux patates douces ***(page 195)*** avec des tortilla chips de maïs ▸ Baies rouges
DÎNER	▸ Saumon au beurre de miso miellé ***(page 155)*** ▸ Patates douces du dimanche ***(page 161)*** ▸ Salade verte	▸ Bol de riz avec des restes de saumon ▸ Patates douces ▸ Verdure sautée au beurre de miso ***(page 167)***	▸ Tempeh croustillant ***(page 143)*** avec des restes de riz et de verdure ▸ Sauce coco au curry ***(page 181)***
COLLATION	▸ Biscuits à la noisette et au citron ***(page 204)*** ▸ Tisane	▸ Yaourt au lait entier avec du Granola au miel et à la cardamome ***(page 64)*** ▸ Tisane	▸ Biscuits à la noisette et au citron ***(page 204)*** ▸ Tisane

Ces repas incluent les plats préférés de Shalane qui l'ont nourrie pendant qu'elle se préparait pour sa victoire historique au Marathon de New York 2017.

** Lors d'une semaine typique, Shalane comptera plus souvent sur les restes pour composer ses repas. La liste ci-dessous est plus variée afin de vous présenter davantage de ses recettes favorites.*

MERCREDI	JEUDI	VENDREDI	SAMEDI
▸ Toasts à l'avocat ***(page 85)*** avec un reste de légumes verts et un œuf au plat ▸ Baies rouges ▸ Café-crème	▸ Muffin des super-héros betterave-myrtille-mélasse ***(page 63)*** ▸ Smoothie vert à la pêche ***(page 58)*** ▸ Café-crème	▸ Quinoa à la pêche et à la mélasse ***(page 69)*** ▸ Café-crème	▸ Frittata aux épinards et aux saucisses ***(page 79)*** ▸ Toast beurré ▸ Café-crème
▸ Wraps méditerranéens à l'houmous ***(page 108)*** ▸ Mini-coupes au chocolat et beurre de cacahuète ***(page 210)***	▸ Wraps méditerranéens à l'houmous ***(page 108)*** ▸ Salade de fruits	▸ Salade de céréales aux légumes ***(page 95)*** ▸ Œuf dur ▸ Reste de soupe	▸ Reste de Salade de céréales aux légumes avec un reste d'houmous sur un pain pita
▸ Granola aux bretzels ***(page 191)*** ▸ Prune ▸ Gingerade au citron ***(page 230)***	▸ Fruits secs au curcuma et au sirop d'érable ***(page 200)*** ▸ Banane ▸ Gingerade au citron ***(page 230)***	▸ Houmous aux patates douces ***(page 195)*** et carottes ▸ Lait chocolaté anti-inflammatoire ***(page 236)***	▸ Carrés chocolatés à la noix de coco et aux noix de cajou ***(page 225)*** ▸ Pêche
▸ Hamburgers énergétiques ***(page 139)*** ▸ Salade de chou rouge ***(page 165)*** ▸ Guacamole aillé ***(page 177)***	▸ Bol salade-burger ***(page 123)*** ▸ Velouté printanier aux asperges ***(page 119)***	▸ Pâtes aux sardines et au pesto ***(page 148)*** ▸ Salade verte	▸ Poulet grillé au vinaigre balsamique et au miel ***(page 135)*** ▸ Salade du Sud-Ouest des États-Unis ***(page 98)***
▸ Parfait à la fraise, rhubarbe et graines de chia ***(page 217)*** ▸ Tisane	▸ Yaourt au lait entier avec du Granola au miel et à la cardamome ***(page 64)*** ▸ Baies rouges ▸ Tisane	▸ Parfait à la fraise, rhubarbe et graines de chia ***(page 217)*** ▸ Tisane	▸ Mini-coupes au chocolat et beurre de cacahuète ***(page 210)*** ▸ Baies rouges ▸ Tisane

LES PLANS DE REPAS EXEMPLAIRES DE SHALANE : *AUTOMNE/HIVER*

	DIMANCHE	LUNDI	MARDI
PETIT DÉJEUNER	▶ Pankakes au riz sauvage ▶ Avocat ▶ Café-crème	▶ Œufs brouillés avec un reste de pommes de terre et de chou-fleur ▶ Toast beurré ▶ Café-crème	▶ Gruau aux pommes dorées ***(page 77)*** ▶ Café-crème
DÉJEUNER	▶ Salade de chou et edamame, sauce orange-miso ***(page 96)*** ▶ Gingerade au citron ***(page 230)***	▶ Reste de salade de chou ▶ Reste de pankakes au riz sauvage avec du *cream cheese* (type mascarpone)	▶ Reste de salade de chou avec un reste de poulet ou un œuf au plat
COLLATION	▶ Barres de granola à la mélasse ***(page 229)*** ▶ Tranches de pomme	▶ Fruits secs au curcuma et au sirop d'érable ***(page 200)*** ▶ Orange ▶ La boisson sportive naturelle de Shalane ***(page 233)***	▶ Barres de granola à la mélasse ***(page 229)*** ▶ Tranches de pomme
DÎNER	▶ Boulettes de dinde persillées ***(page 147)*** ▶ Chou-fleur et pommes de terre rôtis ***(page 162)***	▶ Bols énergétiques ***(page 122)*** avec un reste de boulettes ▶ Verdure sautée au beurre de miso ***(page 167)***	▶ Soupe super-nutritive ***(page 112)*** avec un Croque-thon au pesto ***(page 107)***
COLLATION	▶ Biscuits à la mélasse et au gingembre ***(page 208)*** ▶ Tisane	▶ Beurre de noix de cajou aux épices douces ***(page 222)*** ▶ Tisane	▶ Pop-corn nori ***(page 198)*** ▶ Abricots séchés ▶ Tisane

MERCREDI	JEUDI	VENDREDI	SAMEDI
▶ Reste de gruau ▶ Smoothie à la betterave *(page 52)* ▶ Café-crème	▶ Muffin des super-héros potiron-épices douces *(page 62)* ▶ Smoothie intensément vert *(page 55)* ▶ Café-crème	▶ Yaourt au lait entier avec du Granola au miel et à la cardamome *(page 64)* ▶ Pomme ▶ Café-crème	▶ Gruau avoine- amandes-chocolat *(page 59)* ▶ Banane ▶ Café-crème
▶ Salade d'œufs au curry *(page 93)* ▶ Salade verte	▶ Reste de soupe ▶ Baguette avec un reste de Salade d'œufs au curry	▶ Salade de patates douces *(page 101)* ▶ Reste de scones	▶ Reste de salade de patates douces ▶ Œufs durs
▶ Beurre de noix de cajou aux épices douces *(page 222)* ▶ Banane ▶ La boisson sportive naturelle de Shalane *(page 233)*	▶ Barre de granola à la mélasse *(page 229)* ▶ Oranges	▶ Muffin des super-héros potiron-épices douces *(page 62)* ▶ Poire	▶ Muffin des super-héros potiron-épices douces *(page 62)* ▶ Tranches de pomme
▶ Reste de pancakes au riz sauvage avec du *cream cheese* (type mascarpone) et du saumon fumé ▶ Reste de soupe	▶ Chili au bœuf *(page 120)* avec de l'avocat ▶ Scones aux pommes et au cheddar *(page 86)*	▶ Reste de chili avec du riz complet et de l'avocat	▶ La bolognaise du marathon *(page 144)* ▶ Salade verte
▶ Pop-corn nori *(page 198)* et fruits secs ▶ Tisane	▶ Mug cakes minute *(page 214)* avec du yaourt au lait entier ▶ Tisane	▶ Biscuits à la mélasse et au gingembre *(page 208)* ▶ Tisane	▶ Mug cakes minute *(page 214)* avec du yaourt au lait entier ▶ Tisane

ORGANISATION DES RECETTES

Les recettes sont agencées sur chaque journée par tranche horaire pour vous accompagner 24 heures sur 24. Par exemple, nous avons décliné le petit déjeuner en deux chapitres, car si vous vous entraînez le matin, vous aimerez probablement prendre une collation légère et rapide avant de courir. Vous prendrez ensuite un copieux « second petit déjeuner. »

Le chapitre **SE LEVER ET COURIR** est idéal pour les petits déjeuners rapides en semaine, et le chapitre **BRUNCHS POUR GAGNER EN ENDURANCE** est génial pour des repas gourmands du week-end afin de récupérer après une épuisante épreuve. La plupart des recettes de brunch sont également excellentes pour le dîner. Un petit déjeuner pour le dîner ? Oui, s'il vous plaît !

Le chapitre **SALADES ET PANIERS-REPAS** propose des formules facilement transportables. De véritables plats qui vous détourneront des banals sandwichs au jambon ou au fromage. Cet ensemble comprend également de copieuses salades, qui sont excellentes pour le déjeuner ou le dîner.

Le chapitre **POUR LE DÎNER** présente nos recettes du soir préférées, sans fioritures, comprenant des soupes gorgées de légumes et des plats pour compléter votre menu. Nous vous proposons bon nombre d'options pour vous inciter à improviser avec des produits de saison. Les mets peuvent être facilement reconvertis en restes créatifs pour vous faire gagner du temps et de l'argent. Nous sommes particulièrement heureuses de vous apprendre à créer vos propres Bols énergétiques (page 122), car ils seront, en soirée, un plaisir pour les papilles.

Le chapitre **SAUCES** ne doit pas être oublié, qui comprend, outre des classiques, des vinaigrettes, des citronnettes et des condiments pour compléter vos repas partout où vous serez.

Enfin, nous avons divisé les collations en trois chapitres : **EN-CAS ÉNERGÉTIQUES SALÉS**, **EN-CAS ÉNERGÉTIQUES SUCRÉS** et **PRÊTS POUR LA COURSE.** Car vos envies et vos besoins varient en fonction de votre humeur et de votre entraînement.

Tout au long de cet ouvrage, Shalane et Elyse vous délivrent leurs conseils et astuces nés de leurs expériences. Nous souhaitons que vous le lisiez dans son intégralité quand vous dégusterez, entre autres, le Granola aux bretzels (page 191) ou les Pop-corn nori (page 198). Ou tout simplement vous mettre aux fourneaux et découvrir nos meilleures recettes en cours de route. Prêts ? Ensemble, allons dans votre cuisine !

GUIDE DES ICÔNES

Tout au long des recettes, nous incluons des astuces et des conseils pratiques pour mieux vous guider.

 Conseils sportifs

 Conseils pour gagner du temps

 Conseils nutritionnels

 Conseils de coureurs d'élite

3 SE LEVER ET COURIR

« Chaque matin en Afrique, une gazelle se réveille, elle sait qu'elle doit distancer le lion le plus rapide, sinon elle sera tuée. Chaque matin en Afrique, un lion se réveille, il sait qu'il doit courir plus vite que la gazelle la plus lente, sinon il mourra de faim.
Peu importe que vous soyez le lion ou la gazelle, quand le soleil se lèvera, vous feriez mieux de courir. »

–AUTEUR INCONNU

LA BETTERAVE DÉCLINÉE EN 3 SMOOTHIES

POUR AFFRONTER LA COMPÉTITION

- 1 petite (ou une ½ grosse) betterave rouge
- 250 g de myrtilles surgelées
- 1 banane (pelée et coupée en morceaux) surgelée
- 25 cl de lait d'amande non sucré
- 25 cl d'eau de coco
- 2 cuil. à soupe de cacao non sucré
- 1 cuil. à soupe de beurre de cacahuète

Si vous possédez un mixeur à vitesse rapide (type Vitamix®), il est inutile de cuire la betterave : l'utiliser crue permet de mieux préserver ses nutriments. Il suffit de la peler et de la couper en quartiers avant de la réduire en purée au mixeur. Ce smoothie peut être préparé la veille et réservé au réfrigérateur pour gagner du temps le lendemain matin.

Nous avons repris la recette « Smoothie imbattable à la betterave » publiée dans notre précédent ouvrage en lui ajoutant du cacao amer, ce qui intensifie sa couleur, enrichit sa saveur et améliore sa teneur en nutriments, le cacao étant riche en antioxydants et en minéraux. Lorsque Shalane a organisé une soirée culinaire avec Makenna, la fille de son entraîneur, les participantes sont devenues folles de ce smoothie.

Les betteraves figurent parmi les légumes favoris des athlètes d'élite tant elles regorgent d'éléments nutritifs, des études ayant montré qu'elles pourraient contribuer à améliorer l'endurance. Ce smoothie est également riche des électrolytes essentiels contenus dans la banane et l'eau de coco. **Pour 2 portions**

Mixez la betterave crue ou cuite (voir ci-dessous), les myrtilles, la banane, le lait d'amande, l'eau de coco, la poudre de cacao et le beurre de cacahuète à haute vitesse jusqu'à consistance lisse.

BETTERAVES CUITES À LA VAPEUR

Coupez les betteraves crues non pelées en quartiers. Placez-les dans le panier perforé d'un cuit-vapeur. Versez de l'eau dans la partie inférieure (elle ne doit pas toucher le panier afin de préserver les éléments nutritifs des betteraves). Couvrez et portez l'eau à ébullition. Baissez le feu et laissez cuire de 20 à 25 minutes à frémissements. Laissez refroidir les betteraves. Pelez-les et conservez-les jusqu'à 5 jours au réfrigérateur.

BETTERAVES RÔTIES

Enveloppez individuellement les betteraves parées et pelées dans de l'aluminium ménager. Déposez-les dans un plat creux. Faites-les rôtir de 45 minutes à 1 heure dans le four préchauffé à 200 °C : elles sont cuites lorsqu'un couteau à beurre pénètre facilement jusqu'au centre de chacune d'elles. Laissez-les refroidir. Pelez-les et conservez-les enveloppées de film alimentaire jusqu'à 5 jours au réfrigérateur.

• **SANS GLUTEN** • **VÉGAN**

« Travailler dur est une chose, mais travailler dur avec un but est ce qui fait passer du bon au meilleur. »

—THAD MATTA

SMOOTHIE INTENSÉMENT VERT

POUR RENFORCER VOTRE IMMUNITÉ

1 pomme lavée non pelée, coupée en quartiers et épépinée

½ banane pelée, coupée en tronçons et surgelée

2 feuilles de chou frisé kale lavées et équeutées

La tige d'une branche de céleri effilée émincée

½ citron pelé et épépiné

1 petite poignée de feuilles de persil plat

2 à 3 cm de racine de gingembre pelée (facultatif)

50 cl d'eau de coco

200 g de glace pilée

Ajoutez 1 cuil. à soupe d'huile de noix de coco vierge pour aider votre organisme à absorber les vitamines liposolubles. L'huile de coco, énergisante, possède des propriétés antimicrobiennes naturelles bénéfiques pour votre système immunitaire.

Un entraînement intense ou une course soutenue peuvent affaiblir votre système immunitaire, le rendant incapable de résister au moindre rhume. Ce smoothie lui permettra de se remettre sur la bonne voie. De plus, il a bon goût !

Outre une nutrition optimale, moins de stress et un sommeil de qualité sont essentiels pour survivre aux mois d'hiver peu lumineux. Consultez les conseils de Shalane pour le sommeil à la page 150. **Pour 2 portions**

Mixez la pomme, la banane, le chou, le céleri, le citron, le persil, le gingembre (le cas échéant), l'eau de coco et la glace à vitesse rapide jusqu'à consistance lisse.

• **SANS GLUTEN** • **VÉGAN**

DEUX SMOOTHIES NOURRISSANTS

POUR BIEN DÉMARRER LA JOURNÉE

SMOOTHIE FRAMBOISES-BETTERAVE

250 g de framboises surgelées

1 betterave moyenne cuite et pelée (voir modes de cuisson p. 52)

25 cl de yaourt nature au lait entier

1 cuil. à soupe d'huile de coco vierge ou de beurre d'amande

3 ou 4 dattes dénoyautées

50 g de flocons d'avoine

Idées de garniture: kiwi en tranches, baies fraîches, graines de chia, graines de potiron, flocons de noix de coco non sucrés, éclats de cacao, miel

SMOOTHIE VERT TROPICAL

200 g de morceaux de mangue ou d'ananas surgelés

1 banane pelée et coupée en tronçons surgelée

125 g de pousses d'épinards ou de feuilles de chou kale ciselées

½ avocat mûr pelé et dénoyauté

20 cl de lait d'amande non sucré ou de lait de coco

Le jus de 1 citron vert

3 ou 4 dattes dénoyautées

50 g de flocons d'avoine

Idées de garniture: banane en rondelles, mangue fraîche en dés, dattes dénoyautées, noix de pecan, cerneaux de noix, graines de chia, flocons de noix de coco, miel

Commencez la journée du bon pied avec ces smoothies alléchants qui vous mettront l'eau à la bouche. L'ajout de matières grasses saines aux fruits et aux légumes aide votre organisme à absorber leurs nutriments.

Ne lésinez pas sur les garnitures ! Amusez-vous à décorer vos smoothies de vos mélanges préférés : ils n'en seront que plus appétissants ! **Pour 2 portions**

Pour chaque smoothie, mixez tous les ingrédients (sauf les flocons d'avoine) à vitesse rapide jusqu'à consistance lisse. Incorporez les flocons d'avoine, laissez reposer 15 minutes, puis décorez des garnitures choisies et régalez-vous !

- **SANS GLUTEN** : utilisez des flocons d'avoine certifiés sans gluten.
- **VÉGAN** : Smoothie vert tropical.
- **VÉGÉTARIEN** : Smoothie framboises-betterave.

Ces smoothies sont les préférés de Shalane après des séances d'entraînement intenses, notamment en haute altitude à Mammoth. Hydratants, ils procurent un équilibre idéal entre lipides, protéines et glucides.

Mixez les ingrédients, puis incorporez les flocons d'avoine. Transférez dans des bols. Couvrez et réfrigérez. Ajoutez les garnitures juste avant de savourer.

SMOOTIE VERT À LA PÊCHE

POUR UN DÉBUT DE JOURNÉE RAFRAÎCHISSANT

225 g de pêches pelées, dénoyautées et coupées en morceaux (fraîches ou surgelées)*

1 banane pelée et coupée en tronçons surgelée

250 g de pousses d'épinards (ou de chou frisé kale ciselé)

40 cl d'eau de coco (ou d'eau)

12,5 cl de yaourt au lait entier

10 à 12 feuilles de menthe fraîche

2 cuil. à soupe de beurre d'amande

3 dattes dénoyautées (facultatif)**

** À défaut de pêches utilisez de la mangue, de l'ananas ou des myrtilles.*

*** N'utilisez les dattes que si vous préparez ce smoothie avec de l'eau afin de l'adoucir. Si vous choisissez de l'eau de coco, elles ne sont plus nécessaires.*

Pour les plus pressés en début de journée, ce smoothie peut être réalisé la veille. Il vous suffira de le mélanger à nouveau le matin et de le boire par petites gorgées pendant les 15 minutes d'étirements de récupération active comme les pratique Shalane (voir p. 168).

Ce smoothie a été inspiré à Shalane quand elle passait ses étés d'enfance à Boulder, au Colorado. La menthe poussait à l'état sauvage aux alentours de sa maison et elle aimait la cueillir pour des boissons et des salades.

La combinaison du yaourt riche en probiotiques, des fruits riches en enzymes et de la menthe revitalisante en fait la boisson idéale pour améliorer la digestion. Après avoir expérimenté de longs entraînements avant la course, la plupart des coureurs ont besoin d'aliments apaisants, tel ce smoothie ! **Pour 2 portions**

Mixez les pêches avec la banane, les pousses d'épinards (ou le chou), l'eau de coco (ou l'eau), le yaourt, la menthe, le beurre d'amande et éventuellement les dattes à vitesse rapide jusqu'à consistance lisse.

• **SANS GLUTEN** • **VÉGÉTARIEN**

Shalane en train de courir avec sa coéquipière Emily Infeld au camp d'entraînement d'altitude de Saint-Moritz, en Suisse.

GRUAU AVOINE-AMANDES-CHOCOLAT

POUR PLUS D'ENDURANCE

60 g d'avoine instantanée pour gruau*

2 ou 3 dattes dénoyautées hachées

2 cuil. à soupe d'amandes grillées hachées

1 cuil. à soupe de graines de chia

1 cuil. à soupe de pépites de chocolat

1 cuil. à café de poudre de cacao non sucrée

1 cuil. à café de poudre de betterave crue (facultatif)*

1 pincée de sel de mer fin

Lait d'amande non sucré

** L'avoine instantanée pour gruau et la poudre de betterave crue biologique sont en vente dans les épiceries bio et en ligne.*

Préparez plusieurs portions individuelles à la fois et réservez-les dans des sacs en plastique alimentaire, hermétiquement fermés, à l'abri de la lumière, de la chaleur et de l'humidité.

Entre la rédaction de livres culinaires et le coaching en nutrition, Elyse est toujours active dans sa cuisine. Elle y élabore de nouvelles recettes et de nouveaux produits pour *Picky Bars*, société spécialisée dans les barres et boissons énergétiques, créée par trois athlètes d'élite basés à Bend, dans l'Oregon. Heureusement pour nous, *Picky Bars* a accepté de partager l'une des recettes développées par Elyse.

La plupart des préparations pour gruau à base d'avoine instantanée vendues dans le commerce sont à la fois peu goûteuses et trop sucrées. Préférez-leur cette recette équilibrée, facile à digérer, qui vous fournira une énergie durable. Emportez-la lors de vos déplacements sportifs dans des contenants hermétiques : vous préparerez le gruau le matin, juste avant d'aller courir. Vous pouvez également vous la procurer sous la marque *Picky Oats* en ligne, dans des épiceries bio sélectionnées, des magasins spécialisés pour la course, le vélo et les sports de plein air. **Pour 1 portion**

1 Dans un bol, mélangez l'avoine avec les dattes, les amandes, les graines de chia, les pépites de chocolat, le cacao, éventuellement la poudre de betterave et le sel. Ajouter 25 cl d'eau bouillante, remuez et couvrez.

2 Laissez infuser 3 minutes. Incorporez du lait d'amande selon la consistance désirée. Vous pouvez décorer de fruits frais (rondelles de banane, baies rouges…) juste avant de déguster.

• **VÉGAN** • **SANS GLUTEN** : utilisez de l'avoine certifiée sans gluten.

MUFFINS DES SUPER-HÉROS X 3

POUR VOUS SOUTENIR PENDANT L'EFFORT

230 g de poudre d'amandes*

150 g de flocons d'avoine à l'ancienne

2 cuil. à café de cannelle en poudre

1 cuil. à café de bicarbonate de soude

½ cuil. à café de sel de mer fin

150 à 200 g de cerneaux de noix, raisins secs ou pépites de chocolat (facultatif)

3 œufs

1 pomme Granny Smith bio, lavée, épépinée et râpée

2 carottes lavées, pelées et râpées

90 g de beurre doux fondu

12,5 cl de miel liquide

** Si vous possédez un mixeur puissant, vous pouvez préparer votre propre farine d'amande en mixant 250 g d'amandes crues entières à vitesse rapide jusqu'à ce qu'elles soient réduites en poudre.*

Allergique aux amandes ? Choisissez de la farine de blé entier pour confectionner ces muffins. Utilisez 120 g de beurre fondu (au lieu de 90), la farine de blé étant plus sèche que la poudre d'amande, et réduisez la quantité de flocons d'avoine à 100 g.

Les muffins de super-héros sont de retour à la demande générale. Cette fois, nous vous proposons trois nouvelles recettes aux saveurs incroyables. Toutes les versions contiennent encore des légumes cachés – chut, ne le dites pas !

Après de nombreux essais, nous avons peaufiné chaque recette pour nous assurer qu'elle soit tout aussi délicieuse, qu'il s'agisse de muffins sans gluten, sans oléagineux ou sans produits laitiers. Alors, laissez-vous tenter, sans complexe ! **Pour 12 muffins**

POMME ET CAROTTES

De tous les muffins ayant été testés, c'est celui-ci qui a été clairement plébiscité par les jeunes. Shalane aime les enrichir de pépites de chocolat.

1 Placez une grille au centre du four. Préchauffez-le à 180 °C. Tapissez un moule à muffins de 12 empreintes avec des caissettes à muffins en papier plissé.

2 Dans un saladier, mélangez la farine avec les flocons d'avoine, la cannelle, le bicarbonate, le sel et, éventuellement, les noix, les raisins secs ou les pépites de chocolat.

3 Dans une jatte, mélangez intimement les œufs avec la pomme, les carottes, le beurre fondu et le miel. Ajoutez au contenu du saladier en remuant jusqu'à ce que le mélange soit homogène. Répartissez-le dans les caissettes garnissant les empreintes du moule pour les remplir à ras bord.

4 Enfournez pour 25 à 30 minutes : les muffins doivent être bien dorés et cuits à cœur (une lame de couteau insérée en leur centre doit ressortir nette). Laissez-les complètement refroidir avant de les démouler.

5 Réservez les muffins non consommés dans un récipient hermétique au réfrigérateur ou au congélateur. Vous les réchaufferez au micro-ondes à puissance réduite.

• **SANS GLUTEN** : utilisez des flocons d'avoine certifiés sans gluten.

MUFFINS DES SUPER-HÉROS X 3

230 g de farine d'amande (voir note page 60)

150 g de flocons d'avoine à l'ancienne

1 cuil. à soupe de mélange d'épices pour tarte à la citrouille*

1 cuil. à café de bicarbonate de soude

½ cuil. à café de sel de mer fin

150 à 200 g de cerneaux de noix, raisins secs ou pépites de chocolat (facultatif)

3 œufs

350 g de purée de potiron non sucrée en conserve ou surgelée (dans ce dernier cas, vous la décongèlerez selon les indications portées sur son emballage avant de l'utiliser)

90 g de beurre doux fondu

12,5 cl de sirop d'érable

** Ce mélange est vendu dans les épiceries anglo-saxonnes ou en ligne sous le nom* Pumpkin pie spice. *Vous pouvez le préparer vous-même en mélangeant 2 cuil. à soupe de cannelle en poudre avec 2 cuil. à café de noix muscade râpée, 2 cuil. à café de gingembre en poudre et 1½ cuil. à café de poivre de la Jamaïque en poudre. Vous le conserverez dans un bocal hermétiquement fermé à l'abri de la lumière, de la chaleur et de l'humidité.*

POTIRON AUX ÉPICES DOUCES

Ces muffins sont parfaits pour vous aider à traverser une triste saison hivernale comme pour régaler vos amis lors d'un brunch convivial !

1 Placez une grille au centre du four. Préchauffez-le à 180 °C. Tapissez un moule à muffins de 12 empreintes avec des caissettes à muffins en papier plissé.

2 Dans un saladier, mélangez la farine avec les flocons d'avoine, les épices, le bicarbonate, le sel et, éventuellement, les noix, les raisins secs ou les pépites de chocolat.

3 Dans une jatte, fouettez les œufs avec la purée de potiron, le beurre fondu et le sirop d'érable. Ajoutez au contenu du saladier en remuant jusqu'à ce que le mélange soit homogène. Répartissez la pâte obtenue dans les caissettes garnissant les empreintes du moule pour les remplir à ras bord.

4 Enfournez pour 30 à 35 minutes : les muffins doivent être bien dorés et cuits à cœur (une lame de couteau insérée en leur centre doit ressortir nette). Laissez-les complètement refroidir avant de les démouler.

5 Réservez les muffins non consommés dans un récipient hermétique au réfrigérateur ou au congélateur. Vous les réchaufferez au micro-ondes à puissance réduite.

• **SANS GLUTEN** : utilisez des flocons d'avoine certifiés sans gluten.

« M'avez-vous donné ce muffin [à tester] parce que vous savez que je suis une des rares personnes sur la planète qui savoure des épices pour tarte à la citrouille tout au long de l'année ??? Vous savez que c'est bon signe quand vous ne pouvez pas arrêter de glisser furtivement une cuillère dans la pâte avant qu'elle ne passe au four ! J'adore ! »

—***MATT LLANO,*** MARATHONIEN D'ÉLITE ET TESTEUR DE RECETTES

MUFFINS DES SUPER-HÉROS X 3

230 g de farine d'amande (voir note page 60)

150 g de flocons d'avoine à l'ancienne

2 cuil. à café de cannelle en poudre

1 cuil. à café de bicarbonate de soude

½ cuil. à café de sel de mer fin

1 betterave moyenne crue, lavée, pelée et râpée

3 œufs

25 cl de mélasse noire

90 g de beurre doux fondu

250 g de myrtilles surgelées

Elyse aime réaliser des mini-muffins pour les mini super-héros de sa vie. Si vous utilisez un moule à mini-muffins, réduisez le temps de cuisson de 10 minutes.

BETTERAVE, MYRTILLES ET MÉLASSE

Ce sont les muffins préférés de Shalane lors de ses entraînements en haute altitude, car la mélasse (sirop de sucre de canne non raffiné) est riche en fer, fondamental dans la constitution de l'hémoglobine contenue dans les globules rouges du sang. La betterave crue, bien pourvue en nitrates naturels, est potentiellement capable d'améliorer la pression artérielle. Si vous préférez des muffins plus sucrés, remplacez la moitié de la mélasse par du miel liquide.

1 Placez une grille au centre du four. Préchauffez-le à 180 °C. Tapissez un moule à muffins de 12 empreintes avec des caissettes à muffins en papier plissé.

2 Dans un saladier, mélangez la farine avec les flocons d'avoine, la cannelle, le bicarbonate et le sel.

3 Dans une jatte, mélangez intimement la betterave avec les œufs, la mélasse et le beurre fondu. Ajoutez au contenu du saladier en remuant jusqu'à ce que le mélange soit homogène, puis incorporez-y les myrtilles.

4 Répartissez-le dans les caissettes garnissant les empreintes du moule pour les remplir à ras bord. Enfournez pour 25 à 30 minutes : les muffins doivent être bien dorés et cuits à cœur (une lame de couteau insérée en leur centre doit ressortir nette). Laissez-les complètement refroidir avant de les démouler.

5 Réservez les muffins non consommés dans un récipient hermétique au réfrigérateur ou au congélateur. Vous les réchaufferez au micro-ondes à puissance réduite.

- **SANS GLUTEN** : utilisez des flocons d'avoine certifiés sans gluten.
- **VÉGAN** : tous ces muffins peuvent être préparés sans œufs ni beurre. Remplacez les œufs par 3 cuil. à soupe de graines de lin moulues mélangées avec 12,5 cl d'eau, puis laissez reposer 5 minutes. À la place du beurre, utilisez de l'huile de coco.

GRANOLA AU MIEL ET À LA CARDAMOME

POUR OUBLIER LES CÉRÉALES EN PAQUETS DU COMMERCE

300 g de flocons d'avoine à l'ancienne

150 g de fruits secs oléagineux finement concassés (amandes, noisettes, noix de Grenoble, de pecan ou de cajou), employés seuls ou en mélange

40 g de flocons de noix de coco non sucrés

1 cuil. à café de cannelle en poudre

½ cuil. à café de cardamome moulue

½ cuil. à café de sel de mer fin

5 cuil. à soupe de miel

5 cuil. à soupe d'huile d'olive vierge extra

1 cuil. à café d'extrait de vanille liquide

Si vous dévorez ce granola aussi rapidement que nous, doublez les ingrédients. Vous le conserverez dans un récipient hermétique à l'abri de la chaleur, de la lumière et de l'humidité, voire au congélateur.

En saison, ajoutez des fraises (coupées en quartiers) ou des framboises fraîches au granola après complet refroidissement.

Nous avons reçu tant d'opinions positives concernant le « Granola au gingembre et à la mélasse » publié dans notre ouvrage précédent que nous savions que vous seriez ravis d'en découvrir ici une variante. Cette fois-ci, nous l'avons parfumé à la cardamome pour donner un coup de fouet épicé-sucré au début (ou à la fin !) de votre journée. Ce granola légèrement croquant, adouci de miel et parfaitement salé, vous aidera à vous libérer d'une dépendance aux céréales trop sucrées du commerce.

Arrosez généreusement de yaourt au lait entier pour une collation tardive riche en minéraux qui favorisera votre sommeil (voir les conseils relatifs au sommeil de la page 150). Si vous craignez les fruits secs oléagineux, utilisez des graines de potiron ou de tournesol. **Pour 5 portions**

---

1 Préchauffez le four à 60 °C (th. 2) et tapissez une plaque à pâtisserie creuse de papier sulfurisé.

2 Dans un saladier, mélangez les flocons d'avoine avec les fruits secs, la noix de coco, la cannelle, la cardamome et le sel.

3 Ajoutez le miel, l'huile et la vanille en remuant jusqu'à obtention d'un mélange homogène.

4 Étalez sur la plaque à pâtisserie. Enfournez pour 20 minutes, remuez bien à la spatule, puis poursuivez la cuisson 20 minutes jusqu'à jolie coloration dorée. Laissez complètement refroidir avant de briser les grumeaux.

5 Transférez le granola dans un bocal en verre à large ouverture muni d'un couvercle hermétique. Il se conservera plusieurs semaines à l'abri de la chaleur, de la lumière et de l'humidité mais… vous l'aurez probablement dévoré bien avant !

• **VÉGÉTARIEN** • **SANS GLUTEN** : utilisez des flocons d'avoine certifiés sans gluten.

POWER MUESLI

LE CARBURANT MATINAL

400 g de flocons d'avoine à l'ancienne

300 g d'amandes, de noix de Grenoble, de pecan ou de cajou concassées

100 g de fruits séchés (dattes dénoyautées ou abricots émincés, baies de goji, raisins secs…)

4 ou 5 cuil. à soupe de graines de sésame ou de lin, ces dernières moulues

1 cuil. à soupe de cannelle en poudre

Sur le comptoir de la cuisine d'Elyse, vous trouverez toujours un grand bocal de mélange de flocons d'avoine, de fruits secs et de graines. Elle l'appelle Power Muesli et l'utilise pour concocter des petits déjeuners rapides en semaine, soit en les mélangeant avec du yaourt, soit en les faisant mijoter dans de l'eau et du lait pour réaliser un gruau.

En suivant les recettes ci-dessous, vous obtiendrez des mueslis riches en protéines, matières grasses saines, antioxydants et minéraux. Vous pouvez également les enrichir de fruits ou de légumes de saison afin de laisser briller votre créativité ! **Pour 5 portions**

Placez tous les ingrédients dans un grand bocal ou dans un grand sachet en plastique alimentaire à fermeture hermétique et agitez pour bien mélanger. Utilisez ce muesli pour confectionner les options de petits déjeuners froids ou chauds qui suivent.

MUESLI FROID À PRÉPARER LA VEILLE

Dans un bol, mélangez un cinquième du Power muesli avec 12 cl de yaourt nature entier et 6 cuil. à soupe de lait d'amande non sucré. Couvrez et réservez au réfrigérateur jusqu'au lendemain matin. Juste avant de servir, ajoutez des fruits frais coupés en dés (pommes, pêches…) et arrosez de miel liquide. Pour 1 portion

MUESLI FROID À PRÉPARER AU DERNIER MOMENT

Dans un bol, mélangez un cinquième ou un quart du Power muesli avec 12 à 25 cl de yaourt nature entier. Laissez reposer 15 minutes pour ramollir les flocons d'avoine. Ajoutez des fruits frais coupés en dés (pommes, pêches…) ou des baies et arrosez de miel liquide. Pour 1 portion

GRUAU CHAUD

Dans une casserole, mélangez 20 cl d'eau et 20 cl de lait d'amande non sucré. Portez à frémissements. Incorporez deux cinquièmes du muesli et une pincée de sel. Couvrez et laissez frémir environ 10 minutes à feu doux en remuant de temps en temps jusqu'à épaississement. Répartissez dans deux bols, ajoutez un peu de lait selon votre goût, arrosez de miel liquide ou de mélasse, puis parsemez de baies fraîches. Pour 2 portions

- **SANS GLUTEN** : utilisez des flocons d'avoine certifiés sans gluten.
- **VÉGAN** : remplacez le yaourt au lait entier par du yaourt au lait de coco.

MINI-COOKIES COCO-BANANE

POUR UN PETIT DÉJEUNER CROUSTILLANT

150 g de flocons d'avoine à l'ancienne

80 g de noix de coco râpée

240 g de farine de noix de coco

100 g de raisins secs

2 cuil. à café de cannelle en poudre

½ cuil. à café de sel

4 œufs

1½ banane bien mûre (sa peau doit être légèrement tachetée de brun) pelée et écrasée à la fourchette

12,5 cl d'huile de noix de coco vierge fondue

4 cuil. à soupe de miel

L'huile de noix de coco a fait l'objet de recherches afin d'évaluer si elle pouvait être dommageable pour la santé. Oui, elle contient des lipides saturés. Mais ces derniers peuvent être bénéfiques dans le cadre d'un régime alimentaire sain et équilibré. En revanche, il faut éviter de la consommer en excès, notamment dans les aliments transformés contenant également trop de sucres et d'adjuvants artificiels. Évitez ces produits « prêts à consommer » autoproclamés « bons pour la santé » et n'utilisez l'huile de noix de coco que dans les recettes maison dont vous maîtrisez les ingrédients. Elles sont en outre bien plus savoureuses !
La farine de noix de coco est disponible dans les magasins d'aliments naturels ou en ligne.

Nous avons reçu d'innombrables demandes de biscuits ne contenant pas de noix pour ceux qui sont allergiques aux fruits secs oléagineux. Vous allez adorer ces cookies sans gluten, sans produits laitiers et sans noix, riches en protéines et en matières grasses bénéfiques. Ils sont épatants pour bien commencer la journée. À cuisiner à l'avance, ces cookies sont légèrement sucrés grâce au miel et aux bananes, ce qui est idéal pour une énergie équilibrée.
Pour 24 mini-cookies

---

1 Préchauffez le four à 180 °C. Tapissez deux plaques à pâtisserie de papier sulfurisé.

2 Dans un saladier, mélangez les flocons d'avoine avec la noix de coco, la farine, les raisins secs, la cannelle et le sel. Incorporez les œufs, les bananes écrasées, l'huile et le miel en remuant jusqu'à obtention d'une pâte homogène.

3 Façonnez la pâte en 24 boules d'environ la taille d'une balle de golf. Répartissez-les sur les plaques à pâtisserie en les espaçant de 5 cm chacune. Aplatissez-les légèrement de la paume de la main, puis enfournez-les pour 16 à 20 minutes, jusqu'à ce que le fond des cookies soit bien doré.

• **VÉGÉTARIEN** • **SANS GLUTEN** : utilisez des flocons d'avoine certifiés sans gluten.

QUINOA À LA PÊCHE ET À LA MÉLASSE

POUR NOURRIR LE GUERRIER QUI EST EN VOUS

100 g de quinoa cuit (voir les instructions de cuisson page 90)

12,5 cl de lait d'amande non sucré (ou d'un autre lait au choix)

4 ou 5 cuil. à soupe de fruits secs mélangés grossièrement concassés*

½ pêche mûre, pelée, dénoyautée et coupée en quartiers

Mélasse noire (ou miel), au goût

Cannelle en poudre

** Utilisez n'importe quel mélange de noix (de Grenoble, de pecan, de cajou), de noisettes, pistaches, graines (de lin moulu, de tournesol, de sésame, de potiron, de chia, flocons de noix de coco…)*

À peine 1 cuil. à soupe de mélasse noire contient 20% de votre apport quotidien en fer. Bam !

Avec ce mélange énergétique à base de quinoa, graines et oléagineux, idéalement riche en minéraux et en protéines, nous imaginons un petit déjeuner moderne adopté par les guerriers incas ! Libérez votre propre guerrier intérieur en faisant de cette recette votre petit déjeuner quotidien.

La prochaine fois que vous cuirez du quinoa, par exemple pour une salade, doublez-en le volume afin d'utiliser le reste pour préparer ce petit déjeuner en cinq minutes chrono. **Pour 1 portion**

Dans une assiette creuse adaptée au micro-ondes, mélangez le quinoa avec le lait et les fruits secs. Réchauffez quelques minutes au micro-ondes à la puissance maximale. Couvrez des quartiers de pêche, arrosez de mélasse (ou de miel), saupoudrez de cannelle et régalez-vous !.

• **SANS GLUTEN** • **VÉGAN**

COMMENT SHALANE ENTRETIENT SA FORME

Pour améliorer ses performances, augmenter sa force et prévenir les blessures, Shalane se rend à la salle de musculation trois fois par semaine. Voici ses exercices favoris que vous pouvez reproduire chez vous. Répétez chaque exercice 2 ou 3 fois.

▸ MUSCLER LES ABDOMINAUX

Allongez-vous sur le dos, les bras le long du corps, paumes des mains vers le bas. Remontez les genoux contre la poitrine, puis tendez les jambes à la verticale en essayant de garder la colonne vertébrale collée au sol. Ramenez vos jambes vers le bas et allongez-les. Répétez 10 à 20 fois.

▸ MARCHER « EN CANARD » POUR MUSCLER LES FESSIERS

Placez une bande de résistance autour de vos chevilles et pliez légèrement les genoux. Avancez de 20 pas avec les jambes écartées d'au moins la largeur des hanches, puis revenez au point de départ en marchant en arrière. Gardez les fesses serrées et votre poids réparti sur l'ensemble des pieds bien à plat (pas sur la pointe). Vous devriez sentir une résistance du côté de vos jambes et vos fessiers fortement chauffer.

▸ MUSCLER LES OBLIQUES

Allongez-vous sur le côté sur un ballon d'exercice, les pieds légèrement écartés et collés contre un mur. Relevez la moitié supérieure de votre corps sur la balle, en direction de vos pieds. Vous devriez sentir vos obliques se contracter. Allez lentement et ne laissez pas la balle vous faire rebondir. Faites 20 abdos de chaque côté.

▸ MUSCLER LES BRAS GRÂCE À VOS CHAUSSURES DE COURSE

Tenez une chaussure de course dans chaque main sur les côtés, paumes des mains vers le bas. Tenez-vous droit, gardez les bras tendus, puis levez-les horizontalement à la hauteur des épaules. Répétez 10 fois. Ensuite, levez vos bras de manière à former un V vers le haut. Répétez 10 fois. Enfin, levez les bras 10 fois à la verticale.

▸ ASSOUPLIR LES GENOUX

Placez vos pieds à la largeur des épaules en les gardant parallèles, vos orteils dirigés droit devant. Tendez vos fesses en arrière et faites porter le poids de votre corps sur les talons. Accroupissez-vous et remontez un genou comme en position de course. Tenez-vous droit et maintenez cette position pendant 2 secondes. Alternez un genou après l'autre 20 fois de suite.

▸ RENFORCER LES TENDONS

Allongez-vous sur le dos et placez vos talons au centre d'un ballon d'exercice. Contractez vos abdominaux et votre fessier, puis soulevez vos fesses du sol tout en appuyant vos talons sur la balle. Maintenez cette position 10 secondes, puis soulevez-vous 10 fois de haut en bas. Maintenez à nouveau la position haute 10 secondes. Enfin, ramenez la balle vers vos fesses avec les talons tout en maintenant votre fessier et vos hanches surélevés.

« Préparez-vous de manière optimale, puis lancez-vous. »

—SHALANE

4 BRUNCHS POUR GAGNER EN ENDURANCE

« Il n'y a pas d'émotion plus intense que celle que vous éprouvez lorsque vous trouvez ce moment d'équilibre et d'harmonie conjuguant la course et la vie. Alors vous savez pourquoi vous courez et que vous ne pourriez pas vivre sans courir. »

—JOAN BENOIT SAMUELSON

POÊLÉE AU TEMPEH

POUR DÉMARRER LA JOURNÉE AVEC LE PLEIN DE PROTÉINES

150 g de tempeh

2 cuil. à soupe de miso blanc ou moelleux

2 cuil. à soupe d'huile d'olive vierge extra

1 oignon jaune émincé

2 pincées de sel de mer fin

500 g de feuilles de chou frisé kale équeutées et ciselées

1 cuil. à café d'origan séché

3 pincées de graines de fenouil (facultatif)

1 pincée de flocons de piment rouge (facultatif)

1 avocat mûr coupé en quartiers (facultatif)

Les amateurs de viande et de légumes acquerront une nouvelle appréciation du tempeh après avoir dégusté cette savoureuse poêlée lors d'un brunch, voire d'un dîner. À base de haricots de soja fermentés, le tempeh est un des aliments les mieux pourvus en nutriments essentiels : protéines, fibres, probiotiques, vitamines du groupe B, calcium, fer, potassium et plus encore !

Avant de le cuisiner, il faut le faire mariner au moins une heure pour le débarrasser de son amertume naturelle. Préparez donc cette recette avant de procéder à votre course matinale (ou la veille au soir : vous gagnerez du temps !). Utilisez les restes éventuels de cette poêlée à la manière de tacos dans des tortillas chaudes ou sur du riz avec le guacamole fait maison de la page 177 et/ou la salsa de la page 176. **Pour 3 portions**

1 Émiettez le tempeh en petits morceaux du bout des doigts. Dans une jatte, fouettez le miso avec 12,5 cl d'eau jusqu'à dissolution. Ajoutez le tempeh, couvrez et laissez mariner de 1 à 8 heures au réfrigérateur.

2 Dans une sauteuse, faites chauffer l'huile à feu moyen. Ajoutez l'oignon et le sel. Laissez cuire environ 5 minutes en remuant de temps en temps, jusqu'à ce que l'oignon commence à caraméliser.

3 Ajoutez le tempeh et sa marinade au miso, le chou, l'origan et, éventuellement, les graines de fenouil et les flocons de piment. Poursuivez la cuisson 5 minutes en remuant de temps en temps. Si vous le souhaitez, vous pouvez garnir de tranches d'avocat parsemées d'1 pincée de flocons de piment.

• **SANS GLUTEN** • **VÉGAN**

ŒUFS BROUILLÉS AU FROMAGE ET AUX LÉGUMES

POUR BIEN RÉCUPÉRER

4 ou 5 œufs

75 g de feta émiettée (ou du fromage de votre choix)

½ cuil. à café d'origan séché

1 cuil. à soupe d'huile d'olive vierge extra

150 g de restes de patates douces du dimanche (voir page 161) ou d'autres légumes rôtis

1 petit avocat mûr pelé, dénoyauté, coupé en tranches

Sel fin de mer et poivre du moulin

Cette brouillade au fromage et aux légumes nous permet de rapidement récupérer après nos courses matinales tant elle est riche en protéines complètes faciles à digérer, glucides complexes et matières grasses saines.

Elyse l'adore après un long week-end de course de trail sur la rivière Deschutes, Shalane après ses séances d'entraînements intensifs. **Pour 2 portions**

1 Dans une jatte, fouettez rapidement les œufs avec le fromage et l'origan.

2 Faites chauffer l'huile dans une poêle antiadhésive à feu moyen. Faites-y réchauffer les patates douces, puis ajoutez la préparation aux œufs. Poursuivez la cuisson en remuant à l'aide d'une spatule souple environ 2 minutes jusqu'à ce que les œufs soient juste pris. Salez et poivrez.

3 Garnissez de tranches d'avocat et servez aussitôt.

• **SANS GLUTEN** • **VÉGÉTARIEN** • **SANS PRODUITS LAITIERS** : oubliez le fromage.

L'étiquetage des œufs peut être déroutant et trompeur : « hors cage » ne signifie pas que les poules profitent pleinement de la vie, picorant herbes, insectes et vers de terre en toute liberté. Elles peuvent être confinées dans un hangar et nourries de granulés à base de maïs et de soja. L'idéal est d'acheter vos œufs directement auprès d'un agriculteur local en qui vous avez confiance. Si vous n'avez pas cette opportunité, fiez-vous aux codes légaux portés sur les emballages.

- *Œufs « bio » (0) : poules élevées en plein air (agriculture biologique)*
- *Œufs « plein air » (1) : poules élevées en plein air*
- *Œufs « au sol » (2) : poules élevées en hangar*
- *Œufs de batterie (3) : poules élevées en cage*

Une fois que vous aurez goûté les œufs de poules réellement élevées en liberté, vous n'en voudrez plus d'autres !

GRUAU AUX POMMES DORÉES

POUR UNE DOUCEUR SAINE ET ÉQUILIBRÉE

GRUAU

25 cl de lait

2 pincées de sel de mer fin

100 g de flocons d'avoine

POMMES DORÉES

2 cuil. à soupe d'huile de noix de coco vierge ou de beurre

2 grosses pommes Granny Smith, pelées, épépinées et coupées en fins quartiers

100 g de noix de pécan finement concassées

4 cuil. à soupe de sirop d'érable

2 cuil. à café de cannelle en poudre

Les coureurs aiment leur gruau matinal, mais ils peuvent s'en lasser un jour ou l'autre. Cette recette énergisante à base de flocons d'avoine et garnie de pommes sucrées au sirop d'érable porte le gruau à un tout nouveau niveau gustatif. Certes, elle est un peu longue à réaliser, mais vous pouvez commencer sa préparation la veille (consultez notre astuce pour gagner du temps ci-contre).

Facile à digérer, l'avoine est riche en glucides complexes procurant une énergie durable comme en bêta-glucane, fibre soluble qui renforce le système immunitaire. De l'avoine et une pomme chaque jour éloigne le médecin !

Pour 4 portions

1 Préparez le gruau. Dans une casserole, portez 50 cl d'eau avec le lait et le sel à frémissements. Incorporez les flocons d'avoine, attendez le retour des frémissements, couvrez et laissez mijoter 30 minutes en remuant toutes les 10 minutes jusqu'à ce que le gruau soit moelleux.

2 Pendant ce temps, préparez les pommes. Faites chauffer l'huile ou le beurre dans une poêle sur feu moyen à vif. Ajoutez les pommes et faites-les dorer environ 10 minutes en remuant souvent. Retirez du feu et ajoutez les noix de pécan, le sirop d'érable et la cannelle. Mélangez bien.

3 Incorporez la moitié des pommes au gruau. Répartissez dans 4 bols de service. Surmontez du reste des pommes et servez, bien chaud.

4 Les restes éventuels peuvent être réchauffés au micro-ondes. Ajoutez simplement un peu de lait jusqu'à la consistance désirée.

- **SANS GLUTEN** : utilisez des flocons d'avoine certifiés sans gluten.
- **VÉGAN** : choisissez du lait végétal (d'amande, de noisette, de soja…).

Cette recette était une des préférées de Shalane au petit déjeuner lors de ses entraînements intenses pour le marathon de New York.

La veille au soir, portez 50 cl d'eau à ébullition dans une casserole. Incorporez les flocons d'avoine, retirez du feu et couvrez. Laissez reposer toute la nuit. Le matin suivant, ajoutez le lait et le sel. Portez à frémissements en remuant et laissez frémir environ 10 minutes, le temps de cuire les pommes.

FRITTATA AUX ÉPINARDS ET AUX SAUCISSES

POUR FAIRE LE PLEIN DE PROTÉINES

9 œufs

4 ou 5 cuil. à soupe de yaourt nature au lait entier

1 cuil. à café d'origan séché

3 pincées de sel de mer fin

1 cuil. à soupe d'huile d'olive vierge extra

2 saucisses italiennes douces (de porc ou de poulet), hachées

½ oignon jaune finement émincé

500 g de pousses d'épinards

50 g de parmesan fraîchement râpé

En attendant de cuire la frittata, essayez les étirements actifs de Shalane (voir page 168).

Les frittatas nous sont précieuses les soirs de semaine chargée, lorsque nous avons besoin d'un repas riche en protéines. Ce plat est ce qu'il y a de mieux en matière d'adaptation, car il peut être servi à toute heure de la journée : lors d'un brunch copieux, en entrée au déjeuner ou accompagné d'une salade pour un dîner complet.

Soyez créatif: les frittatas sont un excellent moyen d'utiliser n'importe quel assortiment de légumes restant de recettes précédentes. **Pour 6 portions**

---

1 Préchauffez le four à 190 °C. Dans une jatte, fouettez les œufs en omelette, avec le yaourt, l'origan et le sel. Réservez.

2 Dans une poêle allant au four (à queue amovible) de 25 à 30 cm de diamètre, faites chauffer l'huile sur feu moyen à vif. Ajoutez les saucisses et l'oignon. Laissez cuire environ 5 minutes en remuant de temps en temps, jusqu'à légère coloration dorée. Ajoutez les épinards et poursuivez la cuisson en remuant juste le temps de les faire « tomber ».

3 Hors du feu, versez les œufs battus dans la poêle et mélangez pour bien y répartir tous les ingrédients. Saupoudrez du parmesan.

4 Enfournez la frittata pour 25 minutes ou jusqu'à ce que les œufs soient pris et le dessus bien doré. Coupez en 6 parts et servez.

• **SANS GLUTEN** • **VÉGÉTARIEN** : utilisez un reste de patates douces (voir « Patates douces du dimanche », page 161), ou le chou-fleur et les pommes de terre rôtis de la page 162 pour remplacer les saucisses.

PANCAKES AUX FLOCONS D'AVOINE ET AUX BANANES

POUR BOOSTER L'ÉNERGIE DU COUREUR

160 g de farine d'avoine*

60 g de farine tout usage

2 cuil. à café de levure chimique

½ cuil. à café de sel de mer fin

25 cl de lait

2 bananes mûres pelées et écrasées à la fourchette

2 œufs

2 cuil. à soupe de beurre ou d'huile de noix de coco vierge fondus + 1 ou 2 cuil. à soupe pour la cuisson

1 cuil. à café d'extrait de vanille liquide

125 g de myrtilles surgelées (facultatif)

Idées de garniture: beurre et/ou sirop d'érable, beurre de cacahuète et/ou rondelles de banane

** La farine d'avoine est en vente dans la plupart des épiceries et grandes surfaces (à défaut, utilisez de la farine de blé complet). Vous pouvez également la confectionner vous-même en mixant les flocons d'avoine à grande vitesse jusqu'à consistance de farine grossière.*

• **VÉGÉTARIEN** • **SANS PRODUITS LAITIERS** : utilisez un lait végétal (amande, noisette, soja...).

Si vous rêvez de crêpes après une longue course, dites-vous que vous n'êtes pas le seul. Il est tout à fait normal pour les coureurs de fantasmer sur leur prochain repas en battant le pavé. Concrétisez vos envies sans culpabilité avec ces pancakes à l'avoine ne contenant pas de sucre ajouté. Préparez la pâte (en attendant que votre premier café fasse son effet !) avant de vous diriger vers la porte pour la première course matinale. Cette recette crée une pile de pancakes suffisamment grande pour la partager avec votre coéquipier. **Pour 15 pancakes de 7 à 8 cm de diamètre.**

1 Dans un saladier, mélangez les 2 farines avec la levure et le sel.

2 Dans une jatte, mélangez le lait avec les bananes, les œufs, le beurre ou l'huile de noix de coco fondus, et la vanille en fouettant.

3 Ajoutez le contenu de la jatte à celui du saladier et mélangez jusqu'à obtention d'une pâte homogène. Incorporez éventuellement les myrtilles, puis laissez reposer la pâte environ 15 minutes (ou jusqu'à ce que vous reveniez de votre course).

4 Faites chauffer 1 cuil. à soupe de beurre ou d'huile dans une grande crêpière à feu moyen en faisant pivoter cette dernière pour y répartir régulièrement la matière grasse. Versez-y la pâte par grosses cuillerées à la fois en veillant à suffisamment les espacer. Faites cuire les pancakes environ 3 minutes, jusqu'à ce que des bulles commencent à se former en leur centre. Retournez-les à la spatule et poursuivez leur cuisson environ 3 minutes pour bien les dorer. Selon la taille de votre crêpière, procédez en plusieurs fois en beurrant ou huilant la crêpière entre chaque fournée.

5 Garnissez chaque pancake de beurre et de sirop d'érable, ou de beurre de cacahuète et de rondelles de banane avant de déguster.

6 Conservez les éventuels restes de pâte au réfrigérateur, 3 jours au maximum, dans un récipient hermétiquement fermé. S'il vous reste des pancakes cuits (avant de les garnir), empilez-les dans un sac spécial congélation en séparant chacun d'eux par du papier sulfurisé. Réservez-les au congélateur. Vous les réchaufferez dans un grille-pain au dernier moment.

GATEAUX DE FER

À l'étape 2, incorporez 250 g de pousses d'épinards hachées à la préparation au lait. Vous obtiendrez des pancakes verts que nous surnommons « gâteaux de fer » !

PANCAKES AU RIZ SAUVAGE

À DÉGUSTER À TOUTE HEURE DE LA JOURNÉE

100 g de poudre d'amandes

½ cuil. à café de bicarbonate de soude

½ cuil. à café de sel de mer fin

150 g de riz sauvage cuit, égoutté et refroidi *

3 cébettes (ou oignons blancs de printemps), parties blanches et vertes finement émincées

12,5 cl de lait d'amande non sucré

2 œufs battus

4 ou 5 cuil. à soupe d'huile de noix de coco vierge

** Pour cuire le riz sauvage, portez 1 litre d'eau à ébullition avec ½ cuil. à café de sel dans une grande casserole. Ajoutez 200 g de riz sauvage, baissez le feu, couvrez et laissez frémir de 35 à 40 minutes jusqu'à ce que les grains de riz éclatent. Égouttez le riz, transférez-le dans une jatte et laissez-le refroidir (1 volume de riz sauvage cru donne 3 volumes de riz cuit). Vous utiliserez les restes éventuels dans les « Bols énergétiques » de la page 122.*

Pour gagner du temps au cours de la semaine, faites cuire le riz sauvage le dimanche : il peut être conservé jusqu'à 4 jours à couvert au réfrigérateur.

Grâce au riz sauvage, ces pancakes sans gluten sont une excellente source de protéines et de minéraux essentiels pour la bonne santé des os. Le savez-vous ? Très facile à digérer, le riz sauvage (ou zizanie des marais) n'est pas une variété de riz, mais une graminée de couleur noire dont la forme très allongée fait penser à un grain de riz.

Vous pouvez déguster ces petites crêpes soit sucrées, en les nappant d'un filet de sirop d'érable, soit salées en les accompagnant par exemple d'un œuf cuit au plat. Elles feront également merveille servies en entrée raffinée après avoir été garnies d'un peu de fromage à la crème (du type mascarpone) et d'une petite tranche de saumon fumé. **Pour 10 pancakes de 7 à 8 cm de diamètre**

1 Dans un saladier, mélangez la poudre d'amandes avec le bicarbonate et le sel. Ajoutez le riz, les cébettes, le lait, les œufs et 2 cuil. à soupe d'huile. Mélangez jusqu'à obtention d'une pâte homogène. Si elle sous semble trop épaisse pour s'étaler dans la poêle (notamment quand le riz sort du réfrigérateur), détendez-la avec un peu plus de lait.

2 Faites chauffer 1 cuil. à soupe de l'huile restant dans une grande crêpière à feu moyen en faisant pivoter cette dernière pour y répartir régulièrement la matière grasse. Versez-y la pâte par grosses cuillerées à la fois en veillant à suffisamment les espacer. Faites cuire les pancakes de 3 à 4 minutes jusqu'à ce que le fond soit doré. Retournez-les à la spatule et poursuivez leur cuisson de 2 à 3 minutes.

3 Selon la taille de votre crêpière, procédez en plusieurs fois en huilant la crêpière entre chaque fournée. Si des restes de pâte sont collés au fond de la crêpière, essuyez-la soigneusement avec un essuie-tout plié avant de rajouter de l'huile.

4 Servez les pancakes aussitôt ou laissez-les refroidir, puis empilez-les dans un sac spécial congélation en séparant chacun d'eux avec du papier sulfurisé. Réservez-les au réfrigérateur ou au congélateur. Vous les réchaufferez dans un grille-pain au dernier moment.

• **SANS GLUTEN** • **VÉGÉTARIEN** • **SANS OLÉAGINEUX** : remplacez la poudre d'amandes par de la farine de blé complet et le lait d'amande par du lait entier.

GAUFRES (OU PANCAKES) AUX PATATES DOUCES

POUR FAIRE LE PLEIN DE GLUCIDES BÉNÉFIQUES

250 g de farine de blé entier à pâtisserie*

2 cuil. à soupe de sucre (de préférence de noix de coco)

2 cuil. à café de levure chimique

2 cuil. à café de cannelle en poudre

½ cuil. à café de sel de mer fin

3 œufs

30 cl de lait entier ou de lait d'amande non sucré

225 g de purée de patates douces à chair orange**

60 g de beurre fondu

Huile de tournesol pour le gaufrier ou la crêpière

** En vente dans les magasins de produits bio ou en ligne, cette farine de type T150 peut être éventuellement remplacée par 125 g de farine complète mélangée avec 125 g de farine tout usage.*

*** À défaut, utilisez de la purée de potiron ou des bananes pelées écrasées. La pâte sera légèrement plus épaisse, ajoutez donc un peu de lait pour la diluer.*

Laissez se faufiler les légumes dans votre petit déjeuner grâce à cette pâte polyvalente. Elle permet d'obtenir des gaufres ou des pancakes moelleux imbattables que ne renieraient pas nos amis belges. Pour un brunch idéal, afin de récupérer après la longue course dominicale matinale, accompagnez-les d'œufs brouillés.

Cuisinez-les à l'avance pour que le petit déjeuner vous attende lorsque vous franchissez la porte, affamé. Il suffit de les passer au grille-pain pour qu'ils soient chauds et croustillants. Arrosez-les de sirop d'érable pour plus de bonheur. **Pour 6 portions**

1 Dans un saladier, mélangez la farine avec le sucre, la levure, la cannelle et le sel.

2 Dans une jatte, fouettez les œufs avec le lait, la purée et le beurre. Versez dans le saladier et mélangez jusqu'à obtention d'une pâte homogène.

3 Pour les gaufres : chauffez un gaufrier et badigeonnez-le au pinceau avec un peu d'huile. Versez la pâte à la louche dans chaque rainure et alvéole en veillant à ne pas trop les remplir. Refermer le gaufrier.

4 Laissez dorer les gaufres environ 3 minutes en retournant le gaufrier à mi-cuisson. Réservez les gaufres cuites et continuez avec le reste de la pâte.

5 Pour les pancakes : ajoutez un peu de lait pour fluidifier la pâte. Faites chauffer 1 cuil. à soupe d'huile dans une grande crêpière à feu moyen en faisant pivoter cette dernière pour y répartir régulièrement la matière grasse. Versez-y la pâte par grosses cuillerées à la fois en veillant à suffisamment les espacer. Faites cuire les pancakes de 3 à 4 minutes jusqu'à ce que le fond soit doré. Retournez-les à la spatule et poursuivez leur cuisson de 2 à 3 minutes.

6 S'il reste des gaufres ou des pancakes, conservez-les jusqu'à une semaine au réfrigérateur ou jusqu'à trois mois au congélateur. Réchauffez-les dans un grille-pain.

• **VÉGÉTARIEN** • **SANS PRODUITS LAITIERS** : utilisez le lait végétal de votre choix et de l'huile de noix de coco à la place du beurre.

TOASTS À L'AVOCAT, AUX ŒUFS ET AUX LÉGUMES VERTS

POUR UN DÉBUT DE JOURNÉE RICHE EN ACIDES GRAS BÉNÉFIQUES

2 tranches de pain complet aux céréales

1 avocat mûr, pelé, coupé en deux et dénoyauté

100 à 150 g de légumes verts sautés (« Verdure sautée au beurre de Miso » page 167)

2 œufs au plat (voir encadré ci-dessous)

Sel et poivre du moulin

Besoin d'une immunité renforcée ? Après avoir grillé le pain, frottez-le avec une gousse d'ail pelée. L'ail cru possède des propriétés à la fois antivirales et antibactériennes reconnues pour aider à lutter contre les maladies hivernales tel le rhume.

Si vous n'avez pas encore dégusté ces toasts, vous allez les découvrir et… ne plus pouvoir vous en passer ! Les avocats sont riches en acides gras mono-insaturés, fibres, vitamines K, C, B6, B9 (acide folique) et en potassium. Commencer votre journée avec des matières grasses saines aide à renforcer votre métabolisme et vous gardera rassasié jusqu'au déjeuner.

Nous adorons compléter nos toasts à l'avocat de légumes verts (disons oui aux légumes pour le petit déjeuner !) et d'un œuf au plat au jaune vif et séduisant. Ajoutez un second œuf si vous êtes en période d'entraînement. **Pour 2 portions**

1 Faites griller les tranches de pain au grille-pain. Déposez un demi-avocat sur chaque tranche et écrasez-le à la fourchette.

2 Répartissez les légumes sur l'avocat, ajoutez les œufs au plat, salez, poivrez et servez.

3 Il est préférable de manger ces toasts à l'aide d'une fourchette et d'un couteau !

• **VÉGÉTARIEN** • **SANS GLUTEN** : utilisez du pain sans gluten.

DES ŒUFS AU PLAT PARFAITS

Un œuf au plat parfait apporte un plus appréciable à des plats aussi simples que des bols de riz nature, des salades aux céréales et… ces toasts à l'avocat ! Le but est d'obtenir des bords croustillants avec les blancs bien cuits et les jaunes encore coulants. L'idéal étant que le jaune se répande telle une sauce succulente lorsque votre fourchette plonge pour la première fois au centre. Les œufs au plat cuisent rapidement. Préparez donc le reste de votre repas avant de procéder à leur cuisson.

Dans une grande poêle, faites chauffer 1 cuil. à soupe d'huile sur feu moyen à vif. Cassez un œuf de chaque côté de la poêle. Laissez cuire environ 1 min 30 jusqu'à ce que les blancs soient fermes. Retournez délicatement les œufs à l'aide d'une large spatule et faites-les cuire 30 secondes de l'autre côté en prenant garde à ne pas percer les jaunes.

SCONES AUX POMMES ET AU CHEDDAR

POUR UN BRUNCH ENTRE AMIS

170 g de farine complète

170 g de farine complète à pâtisserie ou de farine tout usage

1 cuil. à soupe de levure chimique

½ cuil. à café de bicarbonate de soude

1 cuil. à café de sel de mer fin

120 g de beurre doux froid coupé en dés

1 grosse pomme Granny Smith pelée, épépinée et râpée

80 g de cheddar râpé

2 cuil. à soupe d'aiguilles de romarin frais finement ciselées ou 2 cuil. à café de romarin séché (facultatif)

30 cl de yaourt entier nature

Si vous allez un jour à Portland, visitez *Tabor Bread* pour goûter au bonheur de déguster un bon pain sans aucune culpabilité. À *Tabor*, ils broient sur place des céréales entières biologiques pour les transformer en farine saine. Notre recette est inspirée par les scones de cette superbe institution.

Nous aimons cuisiner avec de la farine de blé entier, car elle a une saveur de fruits secs et une texture plus consistante. Elle est également moins raffinée que la farine blanche et contient davantage de fibres et de nutriments. **Pour 12 scones**

1 Préchauffez le four à 180 °C. Tapissez une plaque à pâtisserie de papier sulfurisé.

2 Dans un saladier, mélanger les deux farines avec la levure, le bicarbonate et le sel.

3 Incorporez les dés de beurre au mélange précédent en pétrissant du bout des doigts jusqu'à obtention d'une texture de sable grossier. Travaillez rapidement pour éviter au beurre de se réchauffer.

4 Ajoutez la pomme, la moitié du cheddar, éventuellement le romarin, et le yaourt. Mélangez jusqu'à ce que la pâte commence à s'amalgamer, puis terminez votre pétrissage à la main.

5 Sur le plan de travail légèrement fariné, façonnez la pâte en une bûche aplatie de 3,5 cm d'épaisseur et de 50 cm de longueur. Coupez-la en 12 scones triangulaires. Déposez ces derniers sur la plaque à pâtisserie en les espaçant. Répartissez le reste du fromage sur chaque scone en pressant légèrement du bout des doigts.

6 Enfournez les scones pour 25 à 30 minutes jusqu'à ce qu'ils soient joliment dorés.

7 Les scones restant peuvent être conservés au réfrigérateur ou au congélateur. Vous les décongèlerez et les réchaufferez de 10 à 15 minutes au four préchauffé à 150 °C (th. 5).

• **VÉGÉTARIEN**

5 SALADES ET PANIERS-REPAS

« Cherchez votre vocation. Cherchez-la jusqu'à la trouver. Puis, si vous la suivez, la fatigue sera plus facile à supporter, les déceptions vous donneront un nouvel élan, les réussites seront incomparables. »

—PHIL KNIGHT,
AUTEUR DE L'OUVRAGE
SHOE DOG: A MEMOIR BY THE CREATOR OF NIKE

SALADE THAÏ AU QUINOA

POUR LUTTER CONTRE LES INFLAMMATIONS

200 g de quinoa, rincé et égoutté

2 grosses carottes râpées

250 g de chou rouge émincé

3 cébettes (ou oignons blancs de printemps), parties blanches et vertes émincées

1 poignée de feuilles de menthe (ou de coriandre) hachées

1 poignée de feuilles de basilic hachées

1 piment (jalapeño ou serrano), épépiné et finement émincé (facultatif)

100 g de cacahuètes grillées grossièrement concassées

POUR LA SAUCE

4 ou 5 cuil. à soupe d'huile d'olive vierge extra

Le jus de 2 ou 3 citrons verts

2 cuil. à soupe de sauce soja (ou tamari)

2 cuil. à soupe de miel (ou de sirop d'érable)

1 cuil. à soupe de sauce de poisson (nuoc-mâm ou nam-pla, facultative)

Utilisez un robot culinaire pour râper les carottes, émincer le chou et hacher les herbes.

Faites cuire deux fois plus de quinoa que nécessaire et réservez le reste au réfrigérateur pour une utilisation ultérieure, par exemple le « Quinoa à la pêche et à la mélasse » de la page 69.

Lorsque Shalane et Elyse se sont rendues à Bend, en Oregon, pour promouvoir cet ouvrage, cette recette, la toute première réalisée dans la cuisine d'Elyse, fut aussi la première à être testée. Elle fut appréciée dès la première bouchée ! Nous avons toutefois continué à la peaufiner, non pas parce qu'elle en avait vraiment besoin, mais parce que nous voulions secrètement une excuse pour la refaire encore et encore. C'est cette salade que dégusta Shalane presque chaque semaine lors de ses entraînements pour le marathon de New York 2017 et celui de Boston 2018.

Nous recommandons fortement d'utiliser de la sauce de poisson (condiment disponible au rayon exotique) pour conférer à la salade la fameuse cinquième saveur asiatique, l'umami. Si vous êtes végétalien ou végétarien, la salade sera également délicieuse en n'utilisant que de la sauce soja.

Préparez cette salade un dimanche soir pour vos déjeuners de travail à emporter en semaine, ou servez-la en accompagnement d'un steak grillé pour un repas équilibré. **Pour 5 portions**

---

1 Notre méthode infaillible pour cuire le quinoa : versez-le dans une casserole avec 40 cl d'eau et portez à ébullition. Baissez le feu, couvrez, et laissez cuire environ 15 minutes jusqu'à ce que toute l'eau soit absorbée. Transférez dans un saladier, remuez à la fourchette et laissez refroidir.

2 Pendant ce temps, préparez la sauce. Dans un bol, fouettez l'huile avec le jus de citron, la sauce soja (ou tamari), le miel (ou le sirop d'érable) et éventuellement la sauce de poisson jusqu'à homogénéité.

3 Une fois le quinoa froid, ajoutez les carottes, le chou, les cébettes, la menthe (ou la coriandre), le basilic et, éventuellement, le piment dans le saladier. Mélangez bien, ajoutez la sauce et mélangez à nouveau. Goûtez et, si nécessaire, ajoutez un peu plus de sauce de poisson ou de sauce soja.

4 Parsemez des cacahuètes. Laissez reposer au réfrigérateur au moins une heure ou jusqu'au moment de servir.

5 Cette salade restera fraîche conservée dans des récipients hermétiquement fermés jusqu'à 5 jours au réfrigérateur.

• **SANS GLUTEN** • **VÉGAN** : supprimez la sauce de poisson.

SALADE DE THON AUX HARICOTS BLANCS

POUR UN REPAS INSTANTANÉ

- 3 cuil. à soupe de vinaigre balsamique
- 2 pincées de sel de mer fin
- 2 cuil. à soupe d'huile d'olive vierge extra
- 150 g de thon au naturel égoutté
- 250 g de haricots blancs au naturel égouttés
- 4 ou 5 cuil. à soupe d'oignon rouge finement émincé
- 2 cuil. à soupe d'olives Kalamata dénoyautées finement émincées (facultatif)
- Poivre du moulin

Alors qu'Elyse travaillait en Suisse, elle avait adopté cette salade nourrissante toute simple, sans fioritures, pour ses repas pris chez elle en semaine. Riche en protéines, elle l'accompagnait simplement d'un morceau de baguette croustillante.

Lorsque vous achetez des conserves de thon, recherchez des marques qui pratiquent des méthodes de pêche durables et assurez-vous qu'elles ne contiennent aucun additif ou contaminants nocifs tel le mercure. Nos deux marques préférées sont *Wild Planet* et *Safe Catch*. **Pour 2 portions**

1. Dans une jatte, mélangez le vinaigre avec le sel, puis émulsionnez avec l'huile en fouettant.
2. Ajoutez le thon grossièrement émietté, les haricots, l'oignon et éventuellement les olives. Donnez quelques tours de moulin à poivre, puis mélangez bien. Vous pouvez aussi accompagner de salade verte et de toasts de pain complet aux céréales.

• **SANS GLUTEN**

Le club féminin Nike Bowerman Track au camp d'entraînement de Park City, dans l'Utah, avant les Jeux olympiques d'été 2016 à Rio. De gauche à droite : Colleen Quigley, Shelby Houlihan, Courtney Frerichs, Shalane Flanagan, Emily Infeld et Amy Cragg.

SALADE D'ŒUFS AU CURRY

POUR RESTAURER SA SANTÉ

4 œufs durs *

4 ou 5 cuil. à soupe de yaourt nature au lait entier

1 cuil. à soupe de vinaigre de cidre

2 cuil. à café de curry en poudre

1 cuil. à café de moutarde de Dijon

2 pincées de sel de mer fin

1 petite pomme pelée, épépinée et râpée

1 petite tige de céleri branche effilée et finement émincée

75 g de cerneaux de noix finement concassés (facultatif)

2 cébettes (ou oignons blancs de printemps) parties blanches et vertes émincées (facultatif)

** Pour des œufs durs parfaits, portez de l'eau à ébullition dans une grande casserole. À l'aide d'une cuillère à soupe, plongez les œufs un à un dans l'eau bouillante. Laissez-les cuire 10 minutes, égouttez-les, puis plongez-les aussitôt dans de l'eau très froide pour stopper leur cuisson. Les œufs durs non écalés peuvent être conservés jusqu'à une semaine au réfrigérateur.*

Si d'aucuns se souviennent des salades aux œufs durs saturés de mayonnaise de leur enfance, ils découvriront celle-ci avec bonheur. Crémeuse, savoureuse et délicatement relevée, elle est beaucoup plus saine et équilibrée.

Shalane la consomme tartinée sur des tranches de pain aux céréales grillées après une séance d'entraînement matinale, et Elyse aime la garnir des « Pois chiches croustillants » de la page 196. **Pour 2 portions**

1 Écalez les œufs. Coupez-les en quartiers, puis écrasez-les à la fourchette dans un saladier. Ajoutez le yaourt, le vinaigre, le curry, la moutarde et le sel. Mélangez bien, puis incorporez la pomme, le céleri, éventuellement les noix et les cébettes.

2 Servez la salade sur des feuilles de salade verte ou des toasts grillés. Vous pouvez également l'enrouler dans une tortilla de maïs souple.

• **SANS GLUTEN** • **VÉGÉTARIEN**

SALADE DE CÉRÉALES AUX LÉGUMES

POUR BIEN SE SUSTENTER

175 g de céréales entières rincées et égouttées

Les feuilles d'un bouquet de chou frisé kale finement ciselées

300 g de légumes mélangés (émincés, coupés en dés ou râpés) *

50 à 80 g de parmesan fraîchement râpé, de feta émiettée ou d'olives dénoyautées émincées

100 g de fruits secs (amandes, cerneaux de noix), ou de graines (tournesol, potiron) grillés concassés

Vinaigrette au vinaigre de cidre (voir page 186)

Sel, poivre du moulin

** Choisissez les légumes selon la saison. Nos préférés : carottes, tomates, poivrons, concombres, pois gourmands, radis, fenouil, betteraves et avocats crus. Mais nous ne négligeons pas les restes de légumes rôtis ou grillés (courgettes, asperges, betteraves, chou-fleur, choux de Bruxelles, patates douces et potiron) pour enrichir la salade. La vinaigrette proposée peut être remplacée par la « Sauce au miso au citron et à l'orange » de la page 184. Cette salade sera tout aussi excellente !*

Chaque dimanche, Elyse prépare une copieuse salade de céréales pour ses déjeuners de travail rapides en semaine. Les ingrédients de base de ses salades les plus riches en protéines sont le quinoa, le farro et le chou frisé kale, puis elle les agrémente de tout un assortiment de légumes, et de vinaigrette maison.

Amusez-vous à expérimenter des céréales peu consommées comme le farro, le kamut, le freekeh (trois très anciennes variétés de blé), le riz sauvage (qui n'est en fait pas une céréale mais une graminée) ou le quinoa, mieux connu.

Si vous manquez de temps, remplacez les céréales par des pois chiches conservés au naturel rincés et égouttés. **Pour 5 portions**

1. Faites cuire les céréales de votre choix selon les indications portées sur leur emballage (pour le quinoa reportez-vous à notre méthode de cuisson infaillible de la page 90). Égouttez-les, transférez-les dans un saladier et laissez-les refroidir.
2. Ajoutez le chou, les légumes, le fromage (ou les olives), les fruits secs (ou les graines). Mélangez bien, puis ajoutez la vinaigrette et mélangez à nouveau. Rectifiez éventuellement l'assaisonnement en sel et en poivre.
3. Cette salade est encore meilleure le lendemain. N'ayez donc pas peur de la préparer à l'avance.

- **VÉGÉTARIEN** • **VÉGAN** : utilisez des olives à la place du fromage.
- **SANS GLUTEN** : privilégiez le quinoa ou le riz sauvage.

Pour un déjeuner pris sur le pouce, pensez au wrap : étalez du fromage de chèvre frais sur une tortilla souple de blé entier, ajoutez une portion de salade, puis roulez en serrant pour enfermer la garniture.

Utilisez un robot culinaire pour émincer ou râper les légumes denses crus comme le chou frisé, les carottes et les betteraves.

SALADE DE CHOU ET D'EDAMAME À LA SAUCE ORANGE-MISO

POUR FAIRE LE PLEIN DE FER

5 grosses poignées de feuilles de chou frisé kale

Sauce orange-miso (voir page 184)

2 carottes pelées râpées

1 grosse orange navel pelée à vif (c'est-à-dire débarrassée de son enveloppe fine) et détaillée en quartiers

150 g d'edamame *

100 g d'amandes grillées grossièrement concassées

5 cébettes (ou cives) émincées (facultatif)

** Composé de fèves de soja immatures, l'edamame est en vente dans les épiceries asiatiques, certaines grandes surfaces ou spécialistes de produits surgelés. Fraîches, conservées au naturel ou surgelées, choisissez-les « dérobées », c'est-à-dire débarrassées de leur enveloppe indigeste. Sauf pour celles conservées au naturel qui ne demandent qu'à être égouttées et rincées, faites-les cuire selon les indications portées sur leur emballage, égouttez-les et laissez-les refroidir.*

Pratiquant la course au lycée, Eliza Medearis a remporté le concours *Run Fast. Eat Slow*. avec cette recette de salade rafraîchissante et nourrissante qu'elle a créée dans sa cuisine à Alexandria, en Virginie, aux côtés de sa mère Amy. Nous l'avons tellement aimée qu'elle est devenue une de nos recettes favorites pour le déjeuner.

Eliza nous a dit : « Run Fast. Eat Slow. *a vraiment changé ma vie en m'aidant à courir plus vite et à établir une relation plus saine avec les aliments*. » La « Sauce miso au citron » publiée dans le premier ouvrage nous a inspiré cette sauce orange-miso améliorant la digestion.

La salade d'Eliza, riche en protéines végétales grâce à l'edamame et aux amandes, est suffisamment nourrissante pour constituer un repas complet. Elle peut être réservée jusqu'à une semaine au réfrigérateur dans un récipient hermétique. **Pour 4 portions**

1 Dans un saladier, mélangez les feuilles de chou avec les trois quarts de la sauce en remuant vivement jusqu'à les ramollir.

2 Ajoutez les carottes, les quartiers d'orange, l'edamame, les amandes, éventuellement les cébettes (ou les cives) et le reste de sauce. Mélangez de nouveau.

3 Réservez à couvert au réfrigérateur jusqu'au moment de servir.

• **SANS GLUTEN** • **VÉGAN**

SALADE DU SUD-OUEST DES ÉTATS-UNIS

POUR UN REPAS LÉGER SATISFAISANT

Les feuilles d'une petite laitue romaine lavées, essorées et grossièrement ciselées

400 g de haricots noirs conservés au naturel rincés et égouttés

2 carottes pelées et râpées

1 poivron rouge épépiné et émincé

100 g de fromage râpé ou émietté (cheddar, feta, cojita ou pepper Jack mexicains)

Vinaigrette au yaourt (voir page 165)

1 cuil. à café de chili en poudre (mélange d'épices à base de piment, paprika, ail, cumin, origan, girofle…)

Idées de garniture: avocat, chips de maïs, graines de potiron (facultatif)

Cette recette a été inspirée par la salade Tex-Mex que préféraient Shalane et Elyse lorsqu'elles déjeunaient à la cafétéria du campus *Nike* de Beaverton, dans l'Oregon. Vous pouvez la déguster en plat principal sans craindre de ne pas combler votre appétit grâce aux haricots protéinés, aux graines de potiron et à sa vinaigrette au yaourt et à l'avocat, riches en lipides bénéfiques. Elle peut également être enrichie d'un reste de poulet rôti ou de steak grillé émincés en aiguillettes.

Si vous préparez la salade à l'avance, n'y incorporez la laitue qu'au dernier moment afin de la garder croquante. Pour gagner du temps, vous pouvez utiliser une vinaigrette crémeuse du commerce, mais vérifiez bien l'étiquette (voir remarque ci-contre) : de nombreuses vinaigrettes en bouteille contiennent du sucre et des huiles végétales bon marché peu saines. **Pour 4 portions**

1 Dans un saladier, mélangez la laitue avec les haricots, les carottes, le poivron et le fromage.

2 Dans un bol, préparez la vinaigrette, puis incorporez-y le chili en fouettant.

3 Juste avant de servir, mélangez les trois quarts de la vinaigrette avec le contenu du saladier. Goûtez et ajoutez le reste de la vinaigrette, si nécessaire. Garnissez généreusement la salade avec des lamelles d'avocat, des chips de maïs émiettées et éventuellement des graines de potiron.

• **SANS GLUTEN** • **VÉGÉTARIEN** • **VÉGAN** : créez une version de cette salade sans produits laitiers en la mélangeant avec une vinaigrette crémeuse aux noix de cajou (variante Tex-Mex, page 180) à la place de la vinaigrette au yaourt. Et remplacez le fromage par des olives Kalamata dénoyautées et émincées.

Les étiquettes des emballages peuvent être trompeuses. Exemple avec certaines vinaigrettes prêtes à l'emploi affichant « À l'huile d'olive vierge extra » en gros caractères, avant de préciser, de manière beaucoup plus discrète, qu'elles contiennent aussi une forte proportion d'huile de colza, voire de palme, moins chères mais plus inflammatoires.

TABOULÉ DE CHOU-FLEUR

POUR VAINCRE L'INFLAMMATION

1 grosse tête de chou-fleur détaillée en petits bouquets

3 bonnes poignées d'herbes fraîches mélangées (persil, basilic, menthe, coriandre…)

500 g de tomates cerises coupées en deux

4 cébettes (ou oignons blancs de printemps) parties blanches et vertes émincées

3 cuil. à soupe de jus de citron

2 cuil. à soupe d'huile d'olive vierge extra

2 pincées de sel de mer fin

2 pincées de poivre moulu

50 g de de noix ou d'amandes finement concassées (facultatif)

50 g de feta émiettée (facultatif)

Nous avons créé cette variante sans céréales d'une de nos salades méditerranéennes préférées pour introduire plus de légumes dans nos repas familiaux. La texture des bouquets de chou-fleur rapidement mixés ressemble à s'y méprendre à celle de la semoule. Si vous ne dévoilez pas votre secret, nul ne découvrira la supercherie. Au contraire : une fois le taboulé dégusté, quand vous expliquerez à vos convives qu'il s'agit de « semoule » de chou-fleur, les plus difficiles d'entre eux découvriront un nouvel attrait à ce crucifère.

Ce taboulé dispose de super-pouvoirs pour bien récupérer après l'entraînement grâce aux puissants composés anti-inflammatoires présents dans les herbes fraîches et l'huile d'olive. Il est parfait pour accompagner les grillades estivales ou peut être enrichi de fruits secs et de feta afin d'être servi en plat unique. **Pour 4 portions**

---

1 Faites cuire le chou-fleur comme dans la recette « Légumes simplement rôtis » (page 159) en réduisant la cuisson à 20 ou 25 minutes pour qu'il reste croquant. Laissez-le refroidir.

2 Mixez finement les herbes, puis transférez-les dans un saladier. Mixez le chou-fleur complètement refroidi par impulsions successives jusqu'à consistance de semoule.

3 Ajoutez la « semoule » de chou-fleur, les tomates, les cébettes, le jus de citron, l'huile, le sel et le poivre au contenu du saladier. Mélangez bien, goûtez pour vérifier l'assaisonnement.

4 Couvrez de film alimentaire et réservez au moins une heure au réfrigérateur avant de servir.

• **SANS GLUTEN** • **VÉGAN**

Un peu longue à réaliser, cette recette peut être planifiée à l'avance. La prochaine fois que vous faites rôtir du chou-fleur comme plat d'accompagnement, doublez sa quantité et utilisez les restes pour préparer ce taboulé plus tard dans la semaine. Il peut également être préparé en remplaçant le chou-fleur par 200 g de céréales (quinoa, boulgour, semoule pour couscous, freekeh…) cuites selon les indications portées sur leur emballage.

La couleur blanche du chou-fleur pourrait laisser croire qu'il est peu nutritif. C'est une erreur tant il est riche en phytonutriments et en antioxydants qui aident à lutter contre les maladies. Et, étonnamment, c'est un des aliments les mieux pourvus en vitamine C. Il existe également des variétés de chou-fleur colorées comme le violet (encore plus riche en antioxydants !), le jaune et le vert.

SALADE DE PATATES DOUCES

POUR STOCKER DES GLUCIDES BÉNÉFIQUES AUX ATHLÈTES

750 g de patates douces

6 cuil. à soupe de yaourt nature au lait entier

1 cuil. à soupe de moutarde de Dijon

1 cuil. à soupe de jus de citron

4 pincées de sel de mer fin

2 pincées de poivre noir moulu

150 g d'edamame (voir page 96) surgelé décongelé

1 poivron rouge épépiné et émincé

8 cuil. à soupe de coriandre ou de persil haché

2 cuil. à soupe d'échalotes (ou 3 cuil. à soupe de cébettes) finement émincées

Si vous avez lu notre ouvrage précédent, vous savez que nous aimons beaucoup les patates douces, source facilement assimilable de glucides complexes indispensables aux coureurs. Ne soyez donc pas surpris si nous les utilisons dans nombre de recettes, des petits gâteaux salés (page 141) aux gaufres (page 82) en passant par le houmous (page 195). Nous en parlons également à la page 226 déclinant les aliments énergétiques.

Cette version originale des salades classiques, à emporter en pique-nique ou à déguster lors d'un barbecue, vous sera à coup sûr redemandée par vos amis lors d'une prochaine invitation !

La prochaine fois que vous cuisinerez les « Patates douces du dimanche » (page 161), doublez leur quantité et utilisez le reste pour pouvoir préparer cette salade plus rapidement. **Pour 5 personnes**

1 Faites rôtir les patates douces selon la recette de la page 161, puis laissez-les refroidir.

2 Dans un saladier, fouettez le yaourt avec la moutarde, le jus de citron, le sel et le poivre. Ajoutez les patates douces, l'edamame, le poivron, la coriandre ou le persil, les échalotes (ou les cébettes). Mélangez bien.

3 Goûtez et rectifiez éventuellement l'assaisonnement. Couvrez de film alimentaire et réservez au moins une heure au réfrigérateur avant de servir.

• **SANS GLUTEN** • **VÉGÉTARIEN**

Tout au long de ce livre, nous utilisons du yaourt au lait entier dans les salades et les vinaigrettes pour éviter la mayonnaise. Nous le préférons pour sa richesse en probiotiques, calcium, lipides bénéfiques et protéines. Et il est heureusement dépourvu des huiles raffinées et du sucre contenus dans la mayonnaise du commerce. De nombreuses personnes sensibles aux produits laitiers supportent d'ajouter un peu de yaourt à leur alimentation. Si vous devez absolument les éviter, utilisez du yaourt végétal, notamment à base de lait d'amande. Et si vous tenez à la mayonnaise, faites-la maison et réduisez de moitié la quantité de sel de la recette.

« N'empruntez pas un chemin parce qu'il mène quelque part, mais plutôt un sentier ou une piste de trail en pleine nature. »

—RALPH WALDO EMERSON

SALADE DE TOMATES À LA MOZZARELLA

POUR DE SIMPLES DÎNERS D'ÉTÉ

500 g de grosses tomates mûres et charnues (cœur de bœuf, noire de Crimée...)

2 boules de mozzarella au lait entier, de préférence de bufflonne (110 g à 120 g chacune)

2 cuil. à soupe d'huile d'olive vierge extra

2 cuil. à soupe de vinaigre balsamique

Fleur de sel

Poivre noir du moulin

10 feuilles de basilic frais ciselées *

Pain croustillant

** Pour ciseler rapidement les feuilles de basilic, empilez-les les unes sur les autres, roulez-les ensemble, puis ciselez le rouleau obtenu.*

Les herbes fraîches, notamment le basilic, sont de vaillants guerriers pour protéger notre corps. Ils renforcent nos défenses immunitaires, aident à combattre le stress et réduisent l'inflammation. Le basilic est facile à cultiver dans un petit pot sur un rebord de fenêtre.

Les dîners estivaux doivent être simples pour que vous puissiez passer plus de temps à courir et à jouer dehors pendant que le soleil brille. Cette salade rafraîchissante vous réconfortera en fin de journée. Pour l'enrichir en protéines, accompagnez-la d'œufs durs (voir conseil, page 93), de poisson ou de steaks grillés.

Cette salade ne devrait être préparée que lorsque les tomates sont de saison, celles vendues toute l'année en grandes surfaces étant généralement aqueuses et insipides. Nous vous recommandons fortement de les acheter sur un marché de producteurs locaux. Encore mieux : les tomates et le basilic cultivés dans votre jardin ! **Pour 4 personnes**

---

1 Lavez et épongez les tomates. Égouttez les boules de mozzarella. Coupez les unes et les autres en rondelles fines, puis répartissez-les sur un grand plat en les alternant pour former une rosace.

2 Arrosez la rosace de l'huile et du vinaigre. Parsemez de fleur de sel et poivrez au moulin.

3 Garnissez la salade des lanières de basilic et servez-la, avec du pain croustillant pour absorber son jus.

• **SANS GLUTEN** • **VÉGÉTARIEN**

SALADE DE PÂTES VÉGÉTARIENNE

POUR UN ARC-EN-CIEL NUTRITIF

- 240 g de pâtes (penne ou rotini)
- 1 tête de brocoli détaillée en fleurettes
- 120 g de pousses d'épinards
- 300 g de tomates cerises coupées en deux
- 450 g de pois chiches au naturel égouttés
- 120 g de feta émiettée
- 50 g d'olives Kalamata conservées à l'huile, égouttées, dénoyautées et émincées
- Citronnette miso (voir page 184)
- Gros sel, sel fin de mer et poivre moulu

Salade de pâtes et hamburgers sont pour nous le nec plus ultra des repas joyeux entre amis. Cette salade revitalisante regorge de légumes riches en nutriments, ce qui permet d'autoriser les pâtes pour le dîner.

Elle n'a pas besoin de mayonnaise, souvent à base d'huiles végétales de qualité médiocre, pour être délicieuse ! En revanche, assaisonnée de « Citronnette miso » à l'olive et à l'ail, elle est anti-inflammatoire et stimule le système immunitaire.

C'est un plat équilibré à elle seule mais, pour un repas complet plus nourrissant, vous pouvez l'accompagner de *Burgers énergétiques* (page 139) ou de « Poulet grillé au balsamique et au miel » (page 135). **Pour 5 personnes**

1 Dans une grande casserole, faites cuire les pâtes à l'eau bouillante salée selon les indications portées sur leur emballage. Deux minutes avant la fin de leur cuisson, incorporez les fleurettes de brocoli en augmentant le feu pour maintenir l'ébullition. Transférez dans une passoire, rincez à l'eau très froide, puis laissez complètement refroidir.

2 Dans un grand saladier, mélangez les pâtes au brocoli avec les épinards, les tomates, les pois chiches, la feta et les olives. Ajoutez la citronnette et mélangez à nouveau. Rectifiez éventuellement l'assaisonnement en sel et en poivre.

3 Couvrez de film alimentaire et réservez au moins une heure au réfrigérateur avant de servir. Les restes de salade se conservent jusqu'à trois jours à couvert et au réfrigérateur.

- **VÉGÉTARIEN** • **SANS GLUTEN** : cette recette peut être facilement préparée avec des pâtes sans gluten ou des pommes de terre à chair ferme cuites à l'eau bouillante, égouttées, puis coupées en rondelles.
- **SANS PRODUITS LAITIERS** : oubliez le fromage.

CROQUE-THON AU PESTO

POUR UN EN-CAS RAPIDE ET RÉCONFORTANT

150 g de thon au naturel en boîte émietté

6 cuil. à soupe de pesto (voir « Pesto minute » page 172)

1 cuil. à soupe de yaourt au lait entier

4 fines tranches de fromage (cheddar, gruyère, provolone, gouda…)

4 tranches de pain de mie complet aux céréales

Huile d'olive

Un vrai pain de mie complet affichera « farine de blé entier » comme premier ingrédient, et non « farine de blé », farine blanche dépourvue de nombre de nutriments. Recherchez les pains de mie complets contenant un minimum d'ingrédients (en évitant au maximum les adjuvants et édulcorants chimiques) et surveillez leur teneur en sucre.

Parfois, nous, coureurs, avons simplement besoin d'un modeste sandwich de pain grillé au fromage quand nous ressentons un « petit creux ». En revanche, lorsque les symptômes de la « grosse fringale » apparaissent et que vous avez besoin de manger sans attendre, confectionnez cette recette rapide digne d'un podium en accompagnant le fromage d'un mélange de thon et de pesto.

Par temps frisquet, servez ce « croque-thon » avec un bol de soupe (par exemple le « velouté printanier aux asperges » de la page 119), et le tour est joué. Voir page 92 pour notre recommandation sur les marques de thon en conserve afin d'éviter les niveaux nocifs de mercure. **Pour 2 croque-thon**

---

1 Dans une jatte, mélangez intimement le thon avec le pesto et le yaourt.

2 Déposez une tranche de fromage sur une tranche de pain. Recouvrez de la moitié du thon au pesto, puis d'une autre tranche de fromage et enfin d'une autre tranche de pain. Confectionnez le second croque-thon avec le reste des ingrédients.

3 Dans une grande poêle, faites chauffer un filet d'huile d'olive à feu moyen. Déposez-y les croque-thon. Arrosez chacun d'eux d'un filet d'huile d'olive et laissez-les griller pour bien colorer la tranche de pain inférieure. Retournez-les à l'aide d'une large spatule, puis poursuivez la cuisson jusqu'à ce que le fromage soit fondu.

- **SANS GLUTEN** : choisissez du pain sans gluten.
- **SANS PRODUITS LAITIERS** : remplacez le yaourt par de la mayonnaise maison ou de l'huile d'olive. Utilisez un pesto végétalien (voir page 172) et supprimez le fromage.

WRAPS MÉDITERRANÉENS À L'HOUMOUS

POUR UN EN-CAS REVITALISANT

2 concombres pelés coupés en dés

2 grosses tomates coupées en dés

8 cuil. à soupe de feta émiettée

4 cuil. à soupe d'olives Kalamata dénoyautées coupées en rondelles

2 cuil. à soupe de jus de citron ou de vinaigre de vin rouge

2 cuil. à soupe d'huile d'olive vierge extra

2 ou 3 pincées de sel de mer fin

2 ou 3 pincées de poivre moulu

4 tortillas au blé entier

25 cl de houmous de pois chiches du commerce ou de patates douces (voir page 195)

Cette salade grecque rafraîchissante vous comblera au terme d'une journée chaude. Le mélange hydratant de concombres et de tomates se mêle à la feta et aux olives naturellement salées pour reconstituer le sodium perdu lors d'une séance de transpiration intense à l'occasion d'un entraînement.

Enveloppez-la dans des tortillas tartinées d'houmous reconstituant pour un déjeuner ou un dîner gagnant, digne d'un professionnel. **Pour 4 wraps**

1 Dans un saladier, mélanger le concombre avec les tomates, la feta, les olives, le jus de citron ou le vinaigre, l'huile, le sel et le poivre. Couvrez la salade de film alimentaire et réservez-la au réfrigérateur jusqu'au moment de servir.

2 Réchauffez les tortillas 20 secondes au micro-ondes. Tartinez-les de l'houmous, puis répartissez-y la salade à la fourchette afin d'en éliminer un maximum de jus. Enroulez bien le tout et servez les wraps aussitôt.

3 L'houmous et la salade peuvent être préparés à l'avance et conservés jusqu'à cinq jours au réfrigérateur. Toutefois, il est préférable de confectionner les wraps au dernier moment pour ne pas détremper les tortillas.

• **VÉGÉTARIEN** • **SANS GLUTEN** : utilisez des tortillas sans gluten ou remplacez-les par de grandes feuilles de laitue.

• **VÉGAN** • **SANS PRODUITS LAITIERS** : oubliez la feta.

6 POUR LE DÎNER (Y COMPRIS SOUPES ET ACCOMPAGNEMENTS)

SOUPE SUPER-NUTRITIVE

POUR PLUS D'ÉNERGIE

- 2 cuil. à soupe d'huile d'olive vierge extra
- 2 carottes, pelées et coupées en dés
- 2 tiges de céleri branche, effilées et émincées
- 1 oignon jaune émincé
- 2 cuil. à café de sel fin de mer
- 2 cuil. à soupe de curry en poudre
- 1 patate douce, non pelée, lavée et coupée en dés
- 40 cl de lait de coco non sucré
- 400 g de tomates concassées en boîte
- 400 g de pois chiches conservés au naturel
- 340 g de chou frisé kale grossièrement ciselé
- Le jus d'un citron vert

Cette soupe copieuse et nourrissante, d'inspiration indienne, est riche en minéraux et stimule le système immunitaire grâce aux légumes qui la composent, notamment les patates douces, les pois chiches et le chou. Ce n'est pas uniquement cet arc-en-ciel de végétaux qui renforcera votre santé : le lait de coco possède des propriétés antivirales naturelles aidant à combattre les virus du rhume et de la grippe. De plus, le curry en poudre y ajoute ses super-pouvoirs anti-inflammatoires. Nous aimons beaucoup cette recette que nous avons dénichée dans l'excellent ouvrage *The Runner's World Vegetarian Cookbook*.

S'il vous en reste, servez-la le lendemain mélangée à du riz complet. Vous pouvez aussi la congeler en portions individuelles pour des dîners rapides en semaine. **Pour 8 portions**

1. Dans une grande casserole, faites chauffer l'huile sur feu moyen à vif. Faites-y revenir les carottes, le céleri et l'oignon en remuant environ 5 minutes sans les laisser colorer. Ajoutez le sel et le curry. Mélangez 30 secondes en veillant à ne pas laisser brunir ce dernier.
2. Ajoutez 1,25 l d'eau, la patate douce, le lait de coco, les tomates et les pois chiches. Portez à ébullition, puis baissez le feu et laissez frémir environ 20 minutes à couvert, en remuant de temps en temps, jusqu'à ce que la patate douce soit tendre (attention à ne pas prolonger inutilement la cuisson pour préserver les nutriments).
3. Incorporez le chou frisé et poursuivez la cuisson juste le temps de le faire « tomber », c'est-à-dire de le ramollir. Hors du feu, ajoutez 1 cuil. à soupe de jus de citron vert, mélangez et goûtez. Ajoutez un peu de jus de citron et de sel si nécessaire.

• **SANS GLUTEN** • **VÉGAN**

« Il peut être difficile de sortir s'entraîner par un jour froid et pluvieux. Pour me motiver, j'aime avoir tout préparé pour le dîner, en particulier une soupe chaude. Je sais que pourrai me réconforter après la course. »

—SHALANE

MINESTRONE MIJOTÉ AU BŒUF ET AUX LENTILLES

POUR DÎNER À L'HEURE

2 cuil. à soupe d'huile d'olive

500 g de viande de bœuf (de préférence nourri à l'herbe) hachée

3 carottes, pelées et coupées en rondelles

3 tiges de céleri branche effilées émincées

1 gros oignon jaune finement émincé

2 cuil. à café d'origan séché

2 cuil. à café de sel de mer fin (réduisez de moitié si le bouillon de légumes est déjà salé)

2 litres de bouillon de légumes

140 g de lentilles vertes rincées

400 g de tomates concassées en boîte

300 g de pâtes (coquillettes ou autres pâtes courtes)

Gros sel

340 g de chou frisé kale grossièrement ciselé

Parmesan fraîchement râpé, pour servir (facultatif)

Poivre du moulin

** Choisissez une mijoteuse ou un Instant pot (autocuiseur électrique programmable) selon le temps que vous estimez avant de passer à table : de 4 à 8 heures pour la mijoteuse, de 45 à 50 minutes pour un Instant pot (environ 20 minutes pour la montée en pression de la vapeur, puis 25 minutes pour la cuisson proprement dite).*

Nous avons ajouté cette recette de soupe copieuse et nourrissante dans ce livre au dernier moment, quand Elyse a réalisé qu'elle la préparait presque chaque semaine, alors qu'elle était en pleine relecture de l'ouvrage et qu'elle prenait soin de son petit garçon nouveau-né. Si, comme nous, vous vous retrouvez dans une situation de lutte constante contre le temps afin de servir rapidement le dîner (quand la famille s'impatiente !), ce succulent minestrone deviendra votre meilleur allié.

Avant de partir pour votre entraînement, prenez 15 minutes pour le préparer dans une mijoteuse ou un Instant Pot électrique*. Après une longue journée, vous serez accueilli par de délicieuses odeurs qui attireront tout le monde à table. **Pour 6 portions**

---

1 Réglez l'appareil électrique choisi sur la position « Sauté ». Ajoutez l'huile et la viande. Remuez à la spatule environ 5 minutes jusqu'à ce que la viande commence à dorer en se dissociant. Ajoutez les carottes, le céleri, l'oignon, l'origan et le sel. Remuez 5 minutes.

2 Ajoutez le bouillon, les lentilles et les tomates. Fermez l'appareil et réglez-le à température plus ou moins forte selon le temps de cuisson choisi en vous référant aux indications portées sur la notice de l'appareil.

3 Pendant ce temps, faites cuire les pâtes à l'eau bouillante salée selon les indications portées sur leur emballage. Égouttez-les.

4 Juste avant de servir, ajoutez le chou à la soupe en remuant pour bien le ramollir. Goûtez pour vérifier l'assaisonnement en sel, puis poivrez au moulin.

5 Répartissez les pâtes dans 6 bols de service, puis couvrez-les aussitôt de la soupe à la louche. Parsemez éventuellement du parmesan et servez ce minestrone aussitôt, très chaud.

• **SANS PRODUITS LAITIERS** • **SANS GLUTEN** : abandonnez le parmesan et les pâtes.

SOUPE AU POULET ET HARICOTS BLANCS

POUR APAISER L'ÂME (ET LES MUSCLES ENDOLORIS)

2 cuil. à soupe d'huile d'olive vierge extra

3 carottes, pelées et coupées en dés

3 tiges de céleri branche effilées et émincées

1 oignon jaune émincé

1 cuil. à café de sel de mer fin (réduisez de moitié si le bouillon est déjà salé)

4 gousses d'ail écrasées

1 litre de bouillon de volaille (pour un bouillon maison, voir notre premier ouvrage, *Run fast. Eat slow.* page 113)

500 g de cuisses de poulet désossées et dépiautées

450 g de haricots blancs (de préférence cannellini) conservés au naturel, rincés et égouttés

4 poignées de pousses d'épinards

Poivre du moulin

4 cuil. à soupe de parmesan fraîchement râpé (facultatif)

Problèmes intestinaux ? Remplacez les haricots par du riz cuit et ajoutez 1 cuil. à café de gingembre frais râpé.

Une foule affamée ? Doublez la quantité d'ingrédients et ajoutez un peu de pâtes ou de riz cuits au fond de chaque bol de service avant d'y verser la soupe.

Encore un secret de grand-mère démontré : cette soupe au poulet peut sauver la journée. Si vous combattez un rhume ou si vous vous remettez d'une séance d'entraînement éprouvante un jour glacial, voici la recette qui mobilisera vos meilleures défenses immunitaires.

Le bouillon est nourrissant, hydratant et apaisant. L'ail et l'oignon possèdent des propriétés antibactériennes qui permettent de combattre les germes nocifs. Les épinards et les carottes sont riches en vitamine C. Nous préférons utiliser du poulet noir : sa chair est plus dense et plus rassasiante que celle du poulet blanc.

Cerise sur le gâteau : vous pouvez cuisiner cette soupe fumante en environ 30 minutes. Prêts ? Partez ! **Pour 4 portions**

---

1 Dans une grande casserole, faites chauffer l'huile à feu moyen. Faites-y suer les carottes, le céleri et l'oignon environ 5 minutes en remuant souvent. Salez, ajoutez l'ail et remuez 1 minute.

2 Ajoutez le bouillon, le poulet et les haricots. Portez à ébullition, baissez le feu et laissez frémir 20 minutes à couvert.

3 Transférez le poulet à l'écumoire sur une planche à découper, puis déchiquetez-le en petits morceaux à l'aide de deux fourchettes. Remettez-le dans la casserole et ajoutez les pousses d'épinards. Mélangez vivement. Rectifiez l'assaisonnement en sel et poivrez.

4 Répartissez la soupe à la louche dans 4 bols de service, parsemez éventuellement du parmesan et servez aussitôt, bien chaud.

• **SANS GLUTEN** • **SANS PRODUITS LAITIERS**

VELOUTÉ PRINTANIER AUX ASPERGES

QUAND ARRIVENT LES BEAUX JOURS

500 g d'asperges (blanches, vertes ou violettes)

2 cuil. à soupe d'huile d'olive vierge extra

2 blancs de poireaux émincés*

2 carottes, pelées et coupées en fines rondelles

3 gousses d'ail émincées

1 cuil. à café de sel de mer fin (divisez par deux si le bouillon est déjà salé)

1 litre de bouillon de légumes

2 petites courgettes coupées en rondelles

120 g de fromage de chèvre frais émietté

1 cuil. à soupe de jus de citron

Poivre noir du moulin

Pendant que la soupe mijote, pratiquez quelques exercices de gymnastique (voir « Comment Shalane entretient sa forme », page 70)

Si vous avez aimé la « Soupe de brocoli au chèvre » (page 102 de notre ouvrage précédent), vous craquerez pour cette variation rafraîchissante qui met en valeur les asperges printanières et les courgettes primeur. Super nourrissante et hydratante, elle devrait avoir sa place dans votre cuisine même lors des journées les plus chaudes.

Cette recette est une bouée de sauvetage pour ceux qui cherchent à consommer davantage de légumes. Elle a été testée et approuvée par les petits capricieux de nos familles. **Pour 5 portions**

---

1 Supprimez la base ligneuse des asperges, puis pelez-les à l'économe sans toucher aux pointes. Coupez-les en tronçons.

2 Dans une grande casserole, faites chauffer l'huile à feu moyen. Faites-y revenir les poireaux, les carottes et l'ail environ 5 minutes en remuant souvent. Salez.

3 Ajoutez le bouillon, les asperges et les courgettes. Porter à ébullition, puis baissez le feu et laissez frémir environ 15 minutes à couvert, jusqu'à ce que les légumes soient tendres. Prélevez les pointes d'asperges pour décorer et réservez-les.

4 Hors du feu, ajoutez les trois quarts du fromage de chèvre et le jus de citron. Poivrez au moulin. Mixez la soupe jusqu'à consistance de velouté lisse (avec un mixeur plongeant, ou après l'avoir transférée dans le bol d'un robot mixeur). Goûtez le velouté et rectifiez éventuellement son assaisonnement en sel, poivre et jus de citron. Répartissez-le dans 5 bols de service. Parsemez du reste du fromage, décorez des pointes d'asperge réservées et servez.

• **SANS GLUTEN** • **VÉGÉTARIEN** • **VÉGAN** : remplacez le fromage de chèvre par 2 cuil. à soupe de tahini (pâte de sésame).

** Vous pouvez les remplacer par un gros oignon jaune émincé.*

CHILI AU BŒUF

POUR UN CHALEUREUX RÉCONFORT

2 cuil. à soupe d'huile d'olive vierge extra

500 g de viande de bœuf ou de bison (de préférence nourri à l'herbe) hachée

2 poivrons rouges épépinés et émincés

1 gros oignon jaune émincé

2 cuil. à soupe de chili en poudre*

1½ cuil. à café de sel de mer fin

850 g de haricots rouges conservés au naturel, rincés et égouttés

425 g de sauce tomate, sans sucre ni sel ajouté

1 boîte (environ 400 g) de tomates en dés rôties au feu**

1 cuil. à café de cannelle en poudre

2 ou 3 pincées de piment de Cayenne (facultatif, si vous aimez les saveurs relevées)

Idées de garniture: avocat, crème aigre, fromage râpé, chips de tortilla émiettée et/ou cébettes finement émincées

** La qualité du chili (mélange d'épices à base de piment, paprika, ail, cumin, origan, girofle…) peut varier. Pour une saveur optimale, achetez-le dans un magasin spécialisé qui broie les épices et les mélange au dernier moment.*

*** Difficiles à trouver en France, ces tomates sont commercialisées en ligne sur le site http://aylmeraccents.conagrafoods.ca À défaut, utilisez des tomates concassées en boîte.*

Nous avons repris la recette du « Fartlek Chili » de notre ouvrage précédent (page 105) en la revisitant pour vous en offrir cette version savoureuse sans la dénaturer. Un mets des plus réconfortants après une triste journée hivernale.

La viande de bison, issue de notre ranch local préféré, est particulièrement riche en fer. Mais, à défaut, n'hésitez pas à la remplacer par du bœuf, de la dinde ou (pour les végétariens) du tempeh émietté. Les haricots rouges, traditionnels dans un chili, peuvent être remplacés par des haricots noirs ou des haricots pinto roses. **Pour 4 portions**

---

1 Dans une cocotte, faites chauffer l'huile sur feu moyen à vif. Faites-y revenir la viande environ 5 minutes en remuant à la spatule pour bien la dissocier. Ajoutez les poivrons, l'oignon, la poudre de chili et le sel. Remuez 5 minutes.

2 Ajoutez les haricots, la sauce tomate, les tomates, 15 cl d'eau, la cannelle et éventuellement le piment. Portez à ébullition. Baissez le feu et laissez frémir 30 minutes à couvert en remuant de temps en temps.

3 Goûtez pour vérifier l'assaisonnement en sel et en piment (si vous l'utilisez). Si la texture vous semble trop épaisse, délayez le chili avec un peu d'eau chaude.

4 Servez avec les garnitures de votre choix présentées en coupelles.

5 Il vous reste du chili ? Servez-le le lendemain sur un lit de riz complet à grains ronds cuit à la vapeur.

• **SANS GLUTEN** • **VÉGAN** : supprimez la viande et ajoutez 250 g de tempeh émietté aux poivrons et à l'oignon.

La vitamine C aide à l'absorption du fer. Cette recette est géniale pour vaincre l'anémie, grâce à sa combinaison de viande rouge riche en fer et de tomates bien pourvues en vitamine C.

Vous disposez d'un autocuiseur électrique programmable ? Utilisez la position « Sauté » pour l'étape 1, puis ajoutez le reste des ingrédients. Fermez l'autocuiseur et laissez cuire 20 minutes à haute pression. Vous pouvez également utiliser une mijoteuse pour une cuisson lente qui libérera votre journée. Reportez-vous à la page 115 pour évaluer les temps de cuisson dans ces deux appareils.

« Ma cuisine est toujours en désordre, mais au moins ma famille mange tous les soirs un repas nourrissant cuisiné à la maison. »

—ELYSE

BOLS ÉNERGÉTIQUES *(POWER BOWLS)*

POUR BIEN SE NOURRIR À TOUT INSTANT

Donnez à un athlète un bol d'aliments complets et vous le nourrissez pendant une journée. Apprenez à un athlète à fabriquer des bols nourrissants, et vous le nourrissez pour la vie.

Si vous ne maîtrisez qu'une seule recette de ce livre, nous espérons au moins vous apprendre à préparer des bols créatifs. À base de céréales complètes, de graines, de légumes, de protéines et de sauces saines, elles sont notre premier choix pour nourrir idéalement les coureurs.

Nous avons répertorié les options permettant de créer des combinaisons infinies de bols nourrissants. Les recettes proposées à chaque étape sont répertoriées par ordre de préparation, de la plus rapide à la plus élaborée. Toutes les sauces (à l'exception du guacamole) peuvent être préparées à l'avance et congelées en portions individuelles pour de futurs bols.

Les photos de la page 124 à la page 127 montrent nos combinaisons, de quoi rêver ! Nous voulons voir les vôtres ! Envoyez-nous vos photos avec #powerbowls et #runfasteatslow.

ÉTAPE 1 : CHOISISSEZ UNE BASE

Notre premier choix se porte sur le riz complet ou le quinoa. Nous vous recommandons vivement d'investir dans un cuiseur à riz ou un *Instant Pot* (cuiseur électrique à pression, voir page 35). Pour alléger votre bol ou gagner du temps, les légumes-salades, comme les pousses d'épinards ou les feuilles de roquette, constituent également une excellente base.

Salade verte

Quinoa (voir les instructions de cuisson, page 90)

Riz complet

N'importe quelle céréale complète : farro, freekeh, orge, kamut, etc.

Riz coco aux algues Nori, *page 164*

ÉTAPE 2 : GARNISSEZ DE LÉGUMES

Ajoutez des légumes de saison à votre bol pour vous procurer une gamme de vitamines, de minéraux, d'antioxydants, de fibres, etc.

Tranches d'avocat

Verdure sautée au beurre de miso, *page 167*

Patates douces du dimanche, *page 161*

Légumes simplement rôtis, *page 159*

Restes de légumes grillés (essayez des courgettes ou des asperges)

Chou-fleur et pommes de terre rôtis, *page 162*

Salade de chou rouge, *page 165*

Sauté arc-en-ciel, *page 142*

Ratatouille au tempeh, *page 158*

ÉTAPE 3 : AJOUTEZ DES PROTÉINES

Les bols peuvent être un excellent moyen d'utiliser les restes. Chaque fois que vous faites cuire de la viande ou préparez les recettes ci-dessous, prévoyez un surplus pour de futurs bols alléchants. Lorsque le temps presse, un œuf au plat vous sauvera la mise !

Haricots, pois chiches ou lentilles

Œufs au plat (voir les instructions de cuisson, page 85)

Poulet grillé au vinaigre balsamique et au miel, *page 135*

Tempeh croustillant, *page 143*

Saumon au beurre de miso miellé ou saumon simplement grillé, *page 155*

Hamburgers énergétiques, *page 139*

Effilochée de porc ou de poulet en cuisson lente à la mijoteuse, *page 137*

ÉTAPE 4 : COMPLÉTEZ D'UNE SAUCE

Les sauces caractérisent les bols, y ajoutant une incroyable flaveur (essentielle à la satiété), mais aussi une dose de lipides sains et d'épices anti-inflammatoires.

Nous vous en proposons six à la hauteur de vos envies. Faites votre choix !

Sauce aux noix de cajou et au gingembre, *page 180*

Sauce coco au curcuma et au curry, *page 181*

Guacamole aillé, *page 177*

Sauce tahini verte, *page 178*

Dip de yaourt au pesto, *page 175*

Salsa fumée estivale, *page 176*

LES BOLS FAVORIS DE SHALANE ET D'ELYSE

BOL FAÇON BURRITO

- Riz complet à grains courts
- Effilochée de porc ou de poulet en cuisson lente à la mijoteuse, *page 137*
- Haricots noirs
- Salade de chou rouge, *page 165*
- Guacamole aillé, *page 177*
- Coriandre

BOL TENDANCE VERTE

- Riz complet à grains courts
- Verdure sautée au beurre de miso, *page 167*
- Edamame
- Tranches d'avocat
- Sauce tahini verte, *page 178*
- Œuf au plat
- Graines de sésame

BOL VÉGÉTARIEN AU QUINOA

- Quinoa
- Un reste des patates douces du dimanche, *page 161*
- Choux de Bruxelles rôtis (voir Légumes simplement rôtis, *page 159*)
- Tempeh croustillant (*page 143*) ou un œuf au plat
- Sauce aux noix de cajou et au gingembre, *page 180*, ou Sauce coco au curcuma et au curry, *page 181*
- Noix de cajou grillées

BOL SALADE-BURGER

- Feuilles de roquette ou pousses d'épinards
- Carottes râpées
- Un reste de Hamburgers énergétiques, *page 139*
- Un reste d'asperges rôties
- Feta émiettée
- Guacamole aillé, *page 177*, ou Dip de yaourt au pesto, *page 175*
- Pickles d'oignon rouge minute, *page 187*

BOL FAÇON BURRITO

BOL TENDANCE VERTE

BOL VÉGÉTARIEN AU QUINOA

BOL SALADE-BURGER

PÂTE À PIZZA RAPIDE

POUR DE SUPER PIZZAS MAISON

250 g de farine complète

120 g de farine tout usage

1½ cuil. à café de sel de mer fin

¼ de cuil. à café de levure sèche active*

** Vous la trouverez au rayon des farines de votre grande surface. Après ouverture de l'emballage, elle se conserve jusqu'à trois mois au réfrigérateur dans un récipient hermétiquement fermé.*

La pâte à pizza classique est longue à préparer. C'est pourquoi nous avons imaginé celle-ci pour ceux dont le temps est une denrée précieuse, surtout en période d'entraînement.

On peut facilement se procurer des pâtes à pizza prêtes à l'emploi, mais aucune ne peut rivaliser avec la nôtre, la farine complète faisant toute la différence ! Planifiez sa préparation : elle doit reposer 24 heures avant d'être utilisée. **Pour 2 pâtes à pizza**

1 Dans un saladier, mélangez les deux farines avec le sel et la levure.

2 Ajoutez 35 cl d'eau tiède et pétrissez rapidement jusqu'à l'obtention d'une pâte souple et homogène (si elle vous semble trop sèche, ajoutez un peu d'eau).

3 Divisez la pâte en deux parts égales, pour réaliser deux boules. Réservez séparément ces deux pâtons. Couvrez de film alimentaire et laissez lever 24 heures à température ambiante.

4 Au bout de ces 24 heures, conservez les pâtons jusqu'à deux semaines au réfrigérateur dans un récipient hermétique avant de les utiliser (une légère décoloration est normale). Ou placez-les dans un sac à fermeture à glissière et conservez-les jusqu'à trois mois au congélateur.

5 Prêt à confectionner une pizza ? Reportez-vous aux pages 131 et 132.

• **VÉGAN** • **SANS PRODUITS LAITIERS**

CROÛTE AU QUINOA

POUR UNE PIZZA RÉPARATRICE

300 g de quinoa cuit
(voir instructions de cuisson, page 90)

1 œuf

1 cuil. à café d'origan séché

1 cuil. à café de levure chimique

3 pincées de sel de mer fin

Le quinoa est un super aliment qui aide à réparer votre corps mis à l'épreuve par votre sport favori. C'est le seul qui contienne naturellement les neuf acides aminés essentiels (tryptophane, lysine, méthionine, phénylalanine, thréonine, valine, leucine, isoleucine et histidine) constitutifs des protéines. Il est également riche en magnésium, minéral nécessaire à la santé des os, et en fer, pour la résistance cardio-vasculaire.

Ces croûtes délicieuses n'ont pas la texture des pâtes à pizza traditionnelles et sont plus fragiles. Ne dépassez donc pas le diamètre de 20 cm pour des pizzas individuelles. **Pour 2 croûtes**

1 Préchauffez le four à 200 °C (th. 6-7). Tapissez une plaque à pâtisserie de papier sulfurisé.

2 Dans une jatte, mélanger le quinoa avec l'œuf, l'origan, la levure et le sel.

3 Divisez le mélange en deux parts égales. Déposez-les sur la plaque en les espaçant. Avec le dos d'une cuillère, aplatissez-les en deux disques de 20 cm de diamètre et d'environ 2 cm d'épaisseur, en veillant à ce qu'ils ne se touchent pas.

4 Enfournez pour environ 25 minutes, jusqu'à consistance ferme au centre et jolie coloration dorée.

5 Garnissez les croûtes à votre goût (voir pages 131 et 132) et enfournez à nouveau pour 10 à 15 minutes supplémentaires. Dégustez les pizzas dès la sortie du four pour que leur croûte ne ramollisse pas.

• **SANS GLUTEN** • **VÉGÉTARIEN** • **SANS PRODUITS LAITIERS**

LA PIZZA D'AMY

POUR UNE RÉCUPÉRATION D'ÉLITE

1 pâte à pizza du commerce ou faite maison (voir pages 129 et 130)

1 cuil. à soupe d'huile d'olive

25 cl de sauce pour pizza (voir page 182)

200 g de restes de « Patates douces dominicales » (page 161)

120 g de fromage de chèvre frais ou de feta émiettés

2 ou 3 tranches de bacon grillées émiettées (facultatif)

1 œuf (facultatif)

La coéquipière de Shalane, Amy Cragg, marathonienne aux JO de Rio, nous a inspiré cette pizza médaillée d'or. Lorsque nous avons demandé à nos fans, sur les réseaux sociaux, de voter pour leurs garnitures de pizza préférées, nous avons reçu beaucoup d'idées géniales, mais aucune n'a battu celle d'Amy : « Patates douces, fromage de chèvre, bacon et un œuf au plat au centre ». Un mélange de saveurs sucrées et salées qui nous a mis l'eau à la bouche. Nous avons donc entrepris de la recréer.

À l'université, Amy et ses coéquipières se retrouvaient dans une pizzeria tard le soir après les rencontres à domicile. Sa pizza préférée était la « pizza aux pommes de terre au four ». Voici la version adulte de cette pizza mémorable. Quand Amy est à court de sauce marinara, elle utilise du beurre aillé.
Pour 2 portions

1 Si vous utilisez une pâte à pizza réfrigérée ou congelée, placez-la à température ambiante et patientez jusqu'à ce qu'elle soit malléable. Préchauffez le four à 260 °C (th. 8-9). Huilez une pierre à pizza ou une plaque à pâtisserie au pinceau.

2 Si la pâte est encore en boule (tels les pâtons de la page 129), étalez-la sur le plan de travail fariné en la pressant de la paume de la main et en l'étirant tout en la faisant pivoter jusqu'au diamètre et à l'épaisseur souhaités.

3 Déposez la pâte au centre de la pierre à pizza ou de la plaque à pâtisserie. Tartinez-la uniformément de la sauce, puis répartissez-y les patates douces, le fromage et éventuellement le bacon. Enfournez la pizza pour 5 minutes. Cassez l'œuf dans un bol si vous souhaitez l'utiliser.

4 Sortez rapidement la pizza du four et déposez l'œuf au centre. Enfournez-la à nouveau et poursuivez sa cuisson de 7 à 8 minutes, jusqu'à ce que la croûte soit dorée, que le blanc de l'œuf soit pris mais le jaune encore liquide.

5 Si vous n'utilisez pas l'œuf, faites simplement cuire la pizza de 12 à 16 minutes à l'étape 3.

6 Servez la pizza brûlante, dès sa sortie du four.

Le *Bowerman Babes (Nike Elite Team)*, centre d'entraînement de haute altitude, préparait des pizzas maison. Nous les consommions tout en regardant *Bachelor* ou *Bachelorette* à la télévision lors de soirées conviviales et joyeuses qui nous faisaient oublier les entraînements difficiles ! Pendant ceux de printemps à *Park City*, ils confectionnaient la pizza de récupération d'Amy tous les lundis.

«Expirez la faiblesse et respirez la force. »

—AMY CRAGG

- **SANS GLUTEN** : préférez les croûtes au quinoa de la page 130.
- **VÉGÉTARIEN** : supprimez le bacon.
- **SANS PRODUITS LAITIERS** : oubliez le fromage.

PIZZA CALI

POUR UNE PIZZA VÉGÉTARIENNE

1 pâte à pizza du commerce ou faite maison (voir pages 129 et 130)

2 cuil. à soupe d'huile d'olive vierge extra

20 cl de pesto (voir page 172)

300 g de brocoli haché

1 petite courgette coupée en deux dans la longueur, puis tranchée en demi-lunes

Le zeste râpé d'un demi-citron non traité

120 à 150 g de fromage de chèvre frais ou de feta émiettés

Pendant la tournée de promotion de leur premier ouvrage, Shalane et Elyse ont partagé de nombreux repas de fin de soirée, notamment un dîner de pizzas mémorables à San Francisco. Ce soir-là, Shalane dit à Elyse : « Note la recette de cette Pizza pour que nous puissions la réinventer pour le deuxième livre ! » C'est ainsi que notre version de ce que nous avons appelé Pizza Cali est née.

Les légumes verts nourrissants et le zeste de citron rafraîchissant nous rappellent des nuits d'été sans fin. Qui aurait cru qu'une pizza pouvait être si tonique et revitalisante ? Nous sommes persuadées que vous l'aimerez autant que nous. **Pour 3 portions**

---

1 Si vous utilisez une pâte à pizza réfrigérée ou congelée, placez-la à température ambiante et patientez jusqu'à ce qu'elle soit malléable. Préchauffez le four à 260 °C (th. 8-9). Badigeonnez une pierre à pizza ou une plaque à pâtisserie au pinceau avec la moitié de l'huile.

2 Dans une jatte, mélangez le brocoli et la courgette avec le reste de l'huile.

3 Si la pâte est encore en boule (tels les pâtons de la page 129), étalez-la sur le plan de travail fariné en la pressant de la paume de la main et en l'étirant tout en la faisant pivoter jusqu'au diamètre et à l'épaisseur souhaités.

4 Déposez la pâte au centre de la pierre à pizza ou de la plaque à pâtisserie. Tartinez-la uniformément du pesto, puis répartissez-y les légumes, le zeste de citron et enfin le fromage.

5 Enfournez la pizza pour 12 à 16 minutes jusqu'à ce que les bords de la pâte soient croustillants et bien dorés.

6 Servez dès la sortie du four.

• **VÉGÉTARIEN** • **SANS GLUTEN** : choisissez la croûte au quinoa de la page 130.

• **SANS PRODUITS LAITIERS** : oubliez le fromage.

POULET « FRIT » AU FOUR

POUR UN DÉVELOPPEMENT SAIN

2 cuil. à soupe d'huile d'olive

1 kg de découpes de poulet dépiautées et désossées (de préférence par le détaillant)

80 g de semoule fine de maïs (ou de blé)

2 œufs

220 g de parmesan finement râpé

60 g de poudre d'amande

1 cuil. à soupe d'origan séché

Sel de mer fin

Poivre du moulin

Allergique aux amandes ? Remplacez la poudre d'amande par de la chapelure fine.

Aller à l'université dans le Sud des États-Unis implique de se sustenter de poulet frit jusque tard dans la nuit. Cette recette nous rappelle ces soirées-là, mais en une version saine que nous sommes heureuses de servir à nos familles. Débarrassée de sa peau, la viande de poulet, moelleuse, conserve sa saveur authentique.

Si vous suivez un régime sans gluten, vous allez adorer cette recette qui privilégie la farine de maïs et la poudre d'amande.

Pour satisfaire tous nos convives, nous mélangeons les découpes de poulet (blancs et cuisses) mais vous pouvez aussi n'utiliser que l'une d'entre elles. **Pour 4 portions**

1. Préchauffez le four à 220 °C (th. 7-8). Tapissez une plaque à pâtisserie creuse de papier d'aluminium. Badigeonnez-la d'huile au pinceau. Si les découpes de poulet sont très grosses, coupez-les en deux dans l'épaisseur. Épongez-les dans du papier absorbant, puis salez et poivrez-les généreusement de tous côtés.
2. Alignez trois assiettes creuses sur le plan de travail. Versez la semoule dans la première. Fouettez les œufs dans la deuxième. Dans la troisième, mélangez le parmesan avec la poudre d'amande, l'origan et le sel.
3. Passez chaque morceau de poulet d'abord dans la semoule, puis dans les œufs et enfin dans le mélange au parmesan pour bien les enrober de tous côtés. Déposez-les côte à côte sur la plaque à pâtisserie.
4. Enfournez-les pour 20 à 25 minutes jusqu'à ce qu'ils soient croustillants à l'extérieur et cuits à cœur. Servez-les aussitôt.

• **SANS GLUTEN**

POULET GRILLÉ AU VINAIGRE BALSAMIQUE ET AU MIEL

POUR FAIRE LE PLEIN DE PROTÉINES

6 cl de vinaigre balsamique
6 cl d'huile d'olive extra vierge
2 cuil. à soupe de miel liquide
1 cuil. à soupe de moutarde forte
½ cuil. à café de sel de mer fin
500 g de cuisses de poulet dépiautées et désossées

Utilisez les restes éventuels pour enrichir la Salade de céréales aux légumes (page 95) ou les Bols énergétiques (page 122)

**Race de poule originaire de l'Ohio aux États-Unis.*

Lorsque Shalane a rendu visite à Elyse à Bend, un week-end d'été, pour sa séance photo avec son premier livre de recettes, Elyse a fait griller ce poulet mariné rapide et savoureux. Le plat a été un tel succès qu'il est devenu un ajout indispensable au second ouvrage. La marinade miel-vinaigre balsamique enrobe la volaille d'un glaçage qui emprisonne son humidité et caramélise délicieusement sur les bords.

Pour les grillades, nous nous en tenons toujours au poulet à la viande brune (essentiellement de l'espèce *Buckeye**), car il contient davantage de matières grasses et ne se dessèche donc pas à la cuisson. De plus, plus riche en nutriments que le poulet à chair blanche, sa saveur est plus affirmée et il rassasie mieux. **Pour 5 portions**

---

1 Dans un sac à congélation de 4 litres de contenance, versez le vinaigre, l'huile, le miel, la moutarde et le sel. Fermez le sac et secouez-le vivement pour bien mélanger les ingrédients.

2 Ouvrez le sac, ajoutez-les cuisses de poulet, puis refermez-le hermétiquement. Massez les cuisses de poulet pour bien les imprégner de la marinade. Laissez mariner de 4 à 12 heures au réfrigérateur.

3 Sortez le sac du réfrigérateur 30 minutes avant de faire griller le poulet. Préchauffez un gril à couvercle sur feu moyen à vif. Retirez les cuisses de la marinage avec une pince. Secouez-les légèrement pour en éliminer l'excès, puis déposez-les sur le gril.

4 Fermez le couvercle du gril. Laissez cuire les cuisses de 3 à 4 minutes de chaque côté : elles doivent être cuites à cœur et intensément colorées (si vous disposez d'un thermomètre à viande, il doit afficher 74 à 75°C une fois planté dans une cuisse).

5 À défaut de gril à couvercle, une sauteuse antiadhésive fera parfaitement bien l'affaire.

6 Pour un repas complet, servez avec la Salade du sud-ouest des États-Unis (page 98).

• **SANS GLUTEN** • **SANS PRODUITS LAITIERS**

EFFILOCHÉE DE PORC OU DE POULET EN CUISSON LENTE À LA MIJOTEUSE

POUR DIVERSIFIER LE REPAS

Sel, poivre

1,5 à 2 kg d'épaule de porc ou de hauts de cuisses de poulet à chair brune de préférence dépiautés et désossés

1 oignon finement émincé

5 gousses d'ail grossièrement émincées

4 cuil. à soupe de vinaigre de cidre

2 cuil. à soupe de sauce soja

2 cuil. à soupe de miel liquide

2 piments chipotle marinés du commerce *(chipotle in Adobo Sauce)**

1 cuil. à soupe de chili en poudre (à base de piment, paprika, ail, cumin, origan et girofle, parfois enrichi de coriandre, carvi et sésame)

2 cuil. à soupe de jus de citron vert

* *Les piments chipotle sont des piments jalapeño fumés et séchés, conservés dans une marinade (Adobo) à base de paprika, origan, sel, ail et vinaigre. Leur saveur fumée, faiblement piquante, aromatise idéalement la viande (si vous craignez que leur goût soit trop relevé pour les enfants, mettez de côté la quantité d'effilochée de viande que vous leur destinez à la fin de l'étape 4 avant de poursuive la recette : à ce stade, elle est bien parfumée sans être piquante). Conservez le reste des piments au réfrigérateur dans le bocal hermétiquement fermé, totalement recouverts de leur marinade. Ils peuvent également être égouttés et congelés.*

Une recette un peu longue à confectionner, certes, mais le jeu en vaut la chandelle tant elle est savoureuse. Les restes de cette effilochée peuvent être réutilisés de manière imaginative. Par exemple sur des tortillas de maïs avec du Guacamole aillé (page 177) et des feuilles de coriandre ciselées. Empilés sur du riz avec la Salade de chou rouge (page 165) et des tranches d'avocat. Avec des pommes de terre cuites au four, sur votre salade préférée, ou en sandwich dans un morceau de baguette croustillante. **Pour 8 portions**

1 Salez et poivrez les morceaux de viande de tous côtés. Dans une mijoteuse, mélangez l'oignon avec l'ail, 15 cl d'eau, le vinaigre, la sauce soja, le miel, les piments égouttés et le chili. Ajoutez le porc ou le poulet.

2 Fermez la mijoteuse et mettez-la en marche pour 5 heures à la chaleur maximale ou pour 8 heures à la chaleur la plus basse si vous avez choisi du porc. Le poulet cuisant plus vite que le porc, diminuez le temps de cuisson de 2 heures.

3 Avec des pinces, transférez la viande sur un plat creux et les piments sur une assiette. Effilochez la viande à l'aide de deux fourchettes.

4 Émincez grossièrement les piments. Remettez dans la mijoteuse avec l'effilochée de viande et le jus qu'elle a rendu. Fermez et poursuivez la cuisson de 1 à 2 heures selon la température choisie.

5 Juste avant de servir, ajoutez le jus de citron et rectifiez l'assaisonnement en ajoutant éventuellement un peu plus de jus de citron ou de sauce soja.

6 Laissez tout juste refroidir les restes, puis réservez-les au réfrigérateur dans un bocal hermétiquement fermé. Vous les ferez réchauffer à feu doux avant de les consommer à nouveau.

• **SANS GLUTEN** • **SANS PRODUITS LAITIERS**

Shalane réalisait fréquemment cette recette lors de ses entraînements pour les marathons de New York 2017 et de Boston 2018, puisqu'elle pouvait en profiter durant plusieurs repas en la dégustant avec du riz, des légumes vapeur ou des tacos.

BURGERS DE HARICOTS NOIRS PIMENTÉS AU SÉSAME

POUR LES GOURMETS VÉGÉTARIENS

5 cuil. à soupe d'huile de noix de coco vierge

1 oignon finement émincé

1 cuil. à café de sel de mer fin

800 g de haricots noirs conservés au naturel, rincés et égouttés

50 g de farine d'avoine*

1 œuf battu

2 piments chipotle marinés du commerce (*chipotle in Adobo Sauce*)** finement émincés

2 cuil. à soupe de crème de tahini du commerce (graines de sésame broyées avec un peu d'eau jusqu'à consistance crémeuse)

1 cuil. à café de cumin en poudre

2 citrons verts coupés en 4 quartiers chacun

** À défaut de farine d'avoine du commerce (pas toujours facile à trouver), mixez des flocons d'avoine jusqu'à ce qu'ils soient finement broyés. Tout au long de ce livre, nous utilisons de la farine d'avoine. Nous vous recommandons d'en stocker suffisamment pour en avoir toujours à portée de main.*

*** Voir les conseils de la recette précédente (page 138).*

Ce sont ces burgers que vous confectionnerez lorsque vous voudrez impressionner vos amis végétariens. Les piments chipotle leur confèrent une saveur fumée rappelant celle des barbecues estivaux. Bien croustillants, ils vous feront oublier les burgers végétariens mous car gorgés d'eau !

Ils n'ont pas besoin d'être présentés entre deux petits pains (demi-buns à hamburger) : contentez-vous de les arroser d'un peu de jus de citron vert ou de les napper de Guacamole aillé (page 177). Pour un repas complet, accompagnez-les de Patates douces du dimanche (page 161) et de Salade de chou rouge (page 165). Vous pouvez également les servir, surmontés d'un œuf au plat, sur des feuilles de salade mélangées avec de petits quartiers d'avocat et Pickles d'oignons rouges (page 187). **Pour 8 burgers**

1 Dans une grande poêle, chauffez 1 cuil. à soupe d'huile sur feu moyen à vif. Ajoutez l'oignon et la moitié du sel. Faites revenir l'oignon environ 5 minutes, sans le laisser prendre couleur, en remuant souvent. Retirez du feu.

2 Épongez les haricots égouttés dans du papier absorbant. Versez-les dans un saladier, puis écrasez-les grossièrement à la fourchette (le mélange doit devenir collant et comporter encore quelques haricots entiers).

3 Ajoutez l'oignon cuit, la farine, l'œuf, les piments, le tahini, le cumin et le reste de sel et mélangez bien. Réservez 15 minutes au réfrigérateur afin de raffermir la préparation.

4 Dans la même poêle, chauffez 2 cuil. à soupe d'huile à feu moyen. Répartissez-y la moitié de la préparation à la cuillère en 4 tas identiques en les séparant bien les uns des autres. Aplatissez ces tas à la spatule pour former les burgers (ils ne doivent pas se toucher). Faites-les cuire 4 minutes jusqu'à ce qu'ils soient dorés et croustillants. Retournez soigneusement chaque burger et laissez cuire encore de 3 à 4 minutes.

5 Transférez ces burgers dans une assiette tapissée de papier absorbant. Chauffez le reste d'huile dans la poêle, puis procédez à la cuisson du reste des burgers comme précédemment. Servez immédiatement les burgers avec les quartiers de citron vert.

• **SANS GLUTEN** • **VÉGÉTARIEN** • **SANS PRODUITS LAITIERS**

Préparez des burgers à l'avance et réservez-les au congélateur, dans une boîte hermétiquement fermée, en les séparant les uns des autres par du papier sulfurisé. Avant de les utiliser, laissez-les décongeler toute une nuit au réfrigérateur, puis réchauffez-les au micro-ondes.

HAMBURGERS ÉNERGÉTIQUES

POUR PRÉVENIR LA FATIGUE

500 g de viande de bœuf ou de bison hachée

1œuf battu

5 cuil. à soupe de persil plat haché

25 g de farine d'avoine* ou de poudre d'amandes

2 gousses d'ail finement émincées ou ½ cuil. à café d'ail déshydraté en poudre

½ cuil. à café de graines de fenouil (voir)

½ cuil. à café de sel de mer fin

¼ de cuil. à café de poivre noir moulu

1 cuil. à soupe d'huile de tournesol

5 pains pita ou buns (petits pains à hamburger) de blé entier

** À défaut de farine d'avoine du commerce, mixez des flocons d'avoine jusqu'à ce qu'ils soient finement broyés.*

La viande rouge est une excellente source de protéines, de matières grasses bénéfiques, de vitamines du groupe B énergisantes, et de fer, constituant essentiel de l'hémoglobine du sang. Achetez-la d'excellente qualité, de préférence de bovins nourris à l'herbe par des éleveurs locaux. Nous avons choisi un assaisonnement simple afin de préserver sa saveur authentique.

Les athlètes d'endurance peuvent souffrir de fatigue en raison d'un faible taux de fer dans le sang. L'exercice épuisant leurs réserves, les coureurs ont besoin de plus de fer dans leur régime alimentaire que la moyenne des consommateurs. Nous cuisinons ces hamburgers une fois par semaine. **Pour 5 hamburgers**

---

1 Retirez la viande du réfrigérateur 30 minutes avant la cuisson pour l'amener à la température ambiante.

2 Préchauffez un gril sur feu moyen à vif.

3 Dans un saladier, mélangez l'œuf avec le persil, la farine, éventuellement le fenouil, le sel et le poivre. Ajoutez la viande et malaxez rapidement entre les mains humides jusqu'à obtention d'un mélange homogène. Façonnez ce dernier en 5 steaks identiques d'environ 2,5 cm d'épaisseur.

4 Huilez le gril au pinceau. Faites-y revenir les steaks environ 3 minutes de chaque côté (un thermomètre culinaire inséré au centre de l'un d'eux doit afficher de 70 à 74 °C). Au dernier moment, réchauffez les pains pita ou les buns coupés en deux dans l'épaisseur au grille-pain.

5 Glissez les steaks dans la poche des pains pita, ou déposez-les en sandwich entre les deux moitiés de buns. Nous aimons les garnir de Guacamole aillé (page 177), de Sauce tahini verte (page 178) ou de Houmous aux patates douces (page 195).

• **SANS PRODUITS LAITIERS** • **SANS GLUTEN** : remplacez les pains pita ou les buns par de grandes feuilles de laitue dans lesquelles vous les envelopperez.

Les graines de fenouil sont très riches en minéraux facilitant la digestion. Mâchez quelques graines de fenouil après un repas copieux ou faites-les infuser dans de l'eau chaude pour une infusion digestive.

Vous êtes très affamés ? Doublez la quantité des ingrédients (sauf pour les pains). Les restes éventuels pourront être utilisés pour réaliser les Bols énergétiques de la page 123, ou confectionner une sauce bolognaise.

GALETTES DE PATATES DOUCES AUX POIS CHICHES

POUR SATISFAIRE VOS ENVIES DE FRITURES SAINES

400 g de pois chiches conservés au naturel, rincés et égouttés

250 g de purée de patates douces*

50 g de flocons d'avoine

½ oignon jaune finement émincé

8 cuil. à soupe de persil plat finement ciselé

2 œufs battus

1 cuil. à café de cumin en poudre

¾ de cuil. à café de sel de mer fin

¼ de cuil. à café de poivre noir fraîchement moulu

Huile de noix de coco vierge (de tournesol ou d'olive)

1 citron (jaune ou vert) coupé en quartiers

** Pour réaliser la purée, préchauffez le four à 200 °C (th. 6-7). Enveloppez 2 patates douces d'aluminium ménager. Enfournez-les pour 45 minutes à 1 heure : elles doivent être tendres à cœur. Laissez-les refroidir, puis pelez-les et écrasez-les à la fourchette pour les réduire en purée.*

La recette préférée de Shalane publiée dans notre précédent ouvrage était les galettes de saumon aux patates douces. Nous l'avons réactualisée tout en conservant nos patates douces bien-aimées.

Pour vous faire gagner du temps et de l'argent, nous vous proposons cette variante végétarienne, bien pourvue en vitamines et en protéines. Frites jusqu'à ce qu'elles soient bien croustillantes, ces galettes ne sont pourtant pas trop chargées en matières grasses : nous utilisons de l'huile de noix de coco vierge pour ses nombreux bienfaits pour la santé (voir page 55). **Pour 20 galettes**

1 Dans un saladier, écrasez soigneusement les pois chiches à la fourchette. Ajoutez la purée de patates douces, les flocons d'avoine, l'oignon, le persil, les œufs, le cumin, le sel et le poivre et mélangez bien. Laissez reposer cette préparation 15 minutes au réfrigérateur pour la raffermir.

2 Versez ½ cm d'huile dans une grande poêle à fond épais. Faites-la chauffer sur feu moyen à vif. Déposez-y une grosse cuillerée à soupe de la préparation. Aplatissez-la légèrement du dos de la cuillère pour former une petite galette. Continuez avec plus de préparation pour couvrir le fond de la poêle de galettes en veillant à ce qu'elles ne se touchent pas.

3 Laissez cuire les galettes 2 à 3 minutes de chaque côté en les retournant délicatement à la spatule à mi-cuisson. Transférez-les sur du papier absorbant.

4 Renouvelez les étapes 2 et 3 jusqu'à épuisement de la préparation.

5 Au dernier moment, réchauffez les galettes dans le four préchauffé à 140 °C (th. 4-5). Servez-les à l'apéritif avec les quartiers de citron.

6 S'il vous reste des galettes, conservez-les dans un emballage hermétique jusqu'à 5 jours au réfrigérateur ou 3 mois au congélateur.

• **SANS GLUTEN** : utilisez des flocons d'avoine certifiés sans gluten.

• **VÉGÉTARIEN** • **SANS PRODUITS LAITIERS**

SAUTÉ ARC-EN-CIEL

POUR REDÉCOUVRIR LA SAVEUR DES LÉGUMES

MARINADE

230 g de hachis de poulet (chair de poulet désossé et dépiauté, hachée par le boucher)

2 cuil. à soupe de sauce soja

1 cuil. à soupe de jus de citron vert

1 cuil. à soupe de miel liquide

1 cuil. à soupe d'ail écrasé au presse-ail et/ou de gingembre finement râpé

LÉGUMES

2 cuil. à soupe d'huile de noix de coco ou d'olive

1 petit oignon jaune finement émincé

250 g de légumes durs finement émincés mélangés (carottes, céleri, brocolis…)

150 g de légumes tendres détaillés en lamelles (pois gourmands, poivrons tricolores, chou chinois, champignons…)

Nous réalisons un sauté arc-en-ciel hebdomadaire pour consommer ce qui nous reste de légumes frais. Faites de même en utilisant vos légumes préférés, en les choisissant de couleurs variées afin de maximiser le potentiel nutritionnel de la recette.

Les astuces qui suivent vous permettront de réussir à coup sûr ce sauté.

- Préparez tous les ingrédients avant de procéder à la cuisson.
- Lavez et pelez les légumes avant de les émincer, puis épongez-les dans du papier absorbant pour en éliminer un maximum d'humidité. Détaillez-les en morceaux de tailles similaires pour leur permettre de cuire uniformément.
- Assurez-vous que l'huile contenue dans le wok ou la sauteuse soit très chaude avant d'y faire sauter les légumes.
- Ne vous éloignez pas du feu : sauter signifie cuire rapidement à une chaleur élevée en remuant souvent.

N'encombrez pas le récipient de cuisson : il est préférable de procéder en deux cuissons successives, puis de tout mélanger juste avant de servir. **Pour 2 portions**

1 Préparez la marinade. Dans une jatte, mélangez intimement le hachis de poulet avec la sauce soja, le jus de citron, le miel et/ou le gingembre. Couvrez de film étirable et laissez mariner au moins 20 minutes à température ambiante (pour intensifier la saveur, préparez la veille et laissez mariner toute la nuit au réfrigérateur).

2 Dans un wok (ou une sauteuse), chauffez l'huile à feu vif. Faites-y revenir l'oignon et les légumes durs environ 5 minutes en remuant souvent jusqu'à ce qu'ils commencent à dorer.

3 Baissez le feu. Ajoutez les légumes tendres. Remuez 2 minutes à feu moyen, puis ajoutez la marinade et mélangez bien. Poursuivez la cuisson 5 minutes en remuant de temps en temps.

4 Servez avec du riz complet ou du quinoa nappé de votre sauce épicée préférée : Sauce coco au curcuma et au curry (page 181) ou Sauce aux noix de cajou et au gingembre (page 180).

• **SANS PRODUITS LAITIERS** • **SANS GLUTEN** • **VÉGÉTARIEN** : remplacez le hachis de poulet par des haricots blancs conservés au naturel et n'ajoutez la marinade que 2 minutes avant la fin de la cuisson.

TEMPEH CROUSTILLANT

POUR UN LUNDI SANS VIANDE

225 g de tempeh à cuisiner coupé en carrés de 2,5 cm de côté

6 cuil. à soupe de sauce soja

3 gousses d'ail écrasées au presse-ail

5 cm de gingembre pelé et finement émincé

Huile de noix de coco (ou d'olive) vierge

Nous ne sommes pas de grandes amatrices de tofu : hautement transformé, il lui manque nombre des éléments nutritifs contenus dans le soja entier et peut être difficile à digérer. Nous lui préférons le tempeh, moins connu mais plus nutritif que le tofu. Fabriqué à partir de graines de soja entières fermentées, il est riche en probiotiques facilitant la digestion comme en protéines.

Essentiel pour les végétaliens, le tempeh est bien pourvu en vitamines du groupe B, en calcium et en fer. Des études montrent qu'il est extraordinairement efficace pour la récupération musculaire et le maintien de la densité osseuse. Si cet aliment superstar requiert un peu d'attention pour être savoureux, cette recette facile est idéale ! Essayez-le sur un des Bols énergétiques de la page 122. **Pour 3 portions**

1 Mettez le tempeh dans une casserole avec 40 cl d'eau, la sauce soja, l'ail et le gingembre. Portez à frémissements. Laissez frémir 30 minutes à couvert.

2 Égouttez soigneusement le tempeh au travers d'une passoire (jetez le liquide de cuisson).

3 Versez ½ cm d'huile dans une sauteuse à fond épais. Chauffez-la sur feu moyen à vif. Quand elle est très chaude, ajoutez les carrés de tempeh égouttés et laissez-les dorer environ 3 minutes de chaque côté jusqu'à ce qu'ils deviennent bien croustillants. Transférez-les à l'écumoire sur un plat tapissé de papier absorbant. Servez chaud.

• **VÉGAN** • **SANS GLUTEN**

LA BOLOGNAISE DU MARATHON

POUR UNE SAUCE QUI RASSASIE

1 cuil. à soupe d'huile d'olive extra vierge

500 g de viande de bœuf ou de bison hachée (de préférence nourris à l'herbe)

1 cuil. à café de sel de mer fin

3 gousses d'ail écrasées au presse-ail

2 cuil. à café d'origan séché

½ cuil. à café de flocons de piment rouge (facultatif)

2 poivrons rouges épépinés et finement émincés

200 g de champignons nettoyés émincés

800 g de tomates concassées conservées au naturel *

450 g de pousses d'épinards ou de chou vert kale finement ciselés (facultatif)

Parmesan (facultatif)

** Choisissez une marque de tomates de qualité supérieure naturellement sucrées. Si toutefois la sauce vous semble trop acide, vous pouvez y incorporer une petite cuillerée de sucre en poudre en fin de cuisson.*

La bolognaise traditionnelle contient plus de viande que de légumes. Nous préférons la nôtre dans laquelle les proportions s'inversent afin de maximiser la saveur et la nutrition. Une fois réalisée cette première recette, expérimentez en utilisant un assortiment de vos légumes préférés.

Comme tous les coureurs, nous sommes friandes de pâtes et cette bolognaise est épatante sur des spaghettis. Mais si vous suivez un régime sans gluten, elle est également délicieuse sur du riz complet ou des filaments de courge spaghetti. **Pour 4 portions**

1 Dans une sauteuse, chauffez la moitié de l'huile sur feu moyen à vif. Ajoutez la viande et la moitié du sel. Faites revenir environ 3 min en remuant à la spatule pour bien dissocier la viande. Ajoutez l'ail, l'origan et éventuellement le piment. Remuez 1 minute.

2 Ajoutez les poivrons, les champignons, les restes de sel et d'huile. Poursuivez la cuisson environ 5 minutes en remuant souvent, jusqu'à ramollissement des champignons.

3 Ajoutez les tomates et leur jus. Portez à frémissements en remuant. Laissez frémir environ 25 minutes à découvert jusqu'à épaississement de la sauce.

4 Incorporez éventuellement les pousses d'épinards ou le chou. Remuez 2 minutes, juste pour les réchauffer, vérifiez l'assaisonnement en sel et en poivre. Vous pouvez parsemer de parmesan fraîchement râpé juste avant de servir, bien chaud.

• **SANS GLUTEN** • **SANS PRODUITS LAITIERS** : oubliez le parmesan.

D'autres légumes : cette sauce est également parfaite avec des carottes, du céleri et des oignons à la place de l'ail, des poivrons et des champignons.

S'il vous reste de la sauce, congelez-la pour une soirée pizza faite maison.

« F&@# yeah !! »

—SHALANE

BOULETTES DE DINDE PERSILLÉES

POUR REVITALISER LES MUSCLES ENDOLORIS

Nous chérissons les boulettes de viande maison, celles de dinde restant nos favorites. Bien dorées, elles peuvent être dégustées telles quelles à l'apéritif, dès la sortie du four, avec une jatte de sauce marinara (sauce napolitaine à base de tomates, ail, oignons, herbes, épices…) dans laquelle vous les tremperez avant de les manger. Elles peuvent aussi être ensuite mijotées dans une sauce tomate et servies sur des spaghettis.

Il vous reste des boulettes ? Dégustez-les dans un sandwich, sur une salade ou dans un bol de riz. **Pour 4 portions (16 boulettes)**

1 cuil. à soupe d'huile d'olive

50 g de parmesan fraîchement râpé

40 g de poudre d'amandes ou de farine d'avoine (voir * page 138)

5 cuil. à soupe de persil haché

½ cuil. à café de poudre d'ail déshydraté

½ cuil. à café de sel de mer fin

3 à 4 pincées de poivre noir moulu

500 g de hachis de dinde (filets de dinde dépiautés et désossés, puis hachés par le volailler)

1 œuf battu

---

1 Préchauffez le four à 200 °C (th. 6-7). Tapissez une plaque à pâtisserie de papier sulfurisé, puis huilez-la au pinceau.

2 Dans un saladier, mélangez le parmesan avec la farine, le persil, l'ail, le sel et le poivre.

3 Ajoutez le hachis de dinde et l'œuf. Pétrissez à la main jusqu'à obtention d'une préparation homogène. Laissez reposer 15 minutes à température ambiante afin que la farine absorbe l'humidité.

4 Façonnez la préparation en 16 boulettes entre les mains humidifiées. Disposez-les en les écartant bien sur le papier sulfurisé huilé.

5 Enfournez les boulettes pour environ 30 minutes en les retournant à mi-cuisson : elles doivent être cuites à cœur.

- **SANS GLUTEN** : utilisez de la farine d'amande et servez éventuellement sur des pâtes sans gluten.
- **SANS PRODUITS LAITIERS** : supprimez le parmesan.

Nous n'avons volontairement pas forcé sur l'assaisonnement des boulettes pour leur permettre de plaire aux enfants comme aux personnes moins jeunes craignant les saveurs trop relevées. Pour en relever le goût, ajoutez ½ cuillerée à café de graines de fenouil et 3 à 4 pincées de flocons de piment rouge en même temps que le persil.

Quand elle s'entraîne pour le marathon, Shalane remplace le hachis de dinde par du hachis de bœuf ou de bison (nourris à l'herbe) lorsqu'elle a besoin d'un regain de fer.

PÂTES AUX SARDINES ET AU PESTO

POUR STIMULER LE CERVEAU GRÂCE AUX OMÉGA-3

250 g de pâtes (spaghetti ou penne)

Gros sel

1 cuil. à soupe d'huile d'olive extra vierge

500 g de pousses d'épinards

25 cl de pesto minute (voir page 172)

1 boîte de sardines à l'huile d'olive égouttées

Sel fin et poivre (facultatif)

Les trois mets préférés de Lily, la fille d'Elyse, sont les sardines (authentique !) le pesto et les pâtes. Elyse a donc naturellement pensé à les combiner pour créer cette recette, devenue une constante dans nos repas.

Incroyablement nutritives, les sardines, riches en protéines, sont une des meilleures sources d'acides gras oméga-3. Elles sont en outre très bien pourvues en nutriments essentiels pour les sportifs, notamment les vitamines B12 et D, le calcium et le fer.

En bonus : les sardines sont des poissons durables, exempts de contaminants tels que le mercure. Elles sont donc sûres et on peut en consommer régulièrement. Bien sûr, si vous ne les appréciez pas, n'hésitez pas à vous laisser tenter par du thon conservé au naturel en boîte. Assurez-vous simplement d'acheter une marque de grande qualité pour éviter les niveaux nocifs de mercure. **Pour 3 portions**

---

1 Faites cuire les pâtes à l'eau bouillante salée selon les indications portées sur leur emballage. Réservez 4 ou 5 cuil. à soupe de leur eau de cuisson, puis égouttez-les.

2 Dans une sauteuse, chauffez l'huile sur feu doux à moyen. Ajoutez les pousses d'épinard et laissez-les juste « tomber » en remuant.

3 Ajoutez le pesto, les sardines égouttées, les pâtes et leur eau de cuisson réservée. Mélangez bien, rectifiez éventuellement en sel et poivrez, si vous le souhaitez.

- **SANS GLUTEN** : remplacez les spaghettis par des zoodles (spaghettis de courgettes).
- **SANS PRODUITS LAITIERS** : utilisez la variante végétalienne de notre pesto (page 172).

MIEUX DORMIR POUR BIEN RÉCUPÉRER

Lors de notre tournée de promotion pour notre précédent ouvrage, nous avons partagé de nombreuses chambres d'hôtel à travers les États-Unis, de San Francisco à Chicago en passant par New York City et Chapel Hill. Une chose qui a impressionné Elyse – presque autant que le rythme du marathon de Shalane (5:23 par *mile* !) – était ses habitudes de sommeil. Shalane pouvait s'endormir en quelques minutes (malgré un décalage d'horaire de 3 heures), tandis qu'Elyse, couchée, restait éveillée des heures.

Shalane a également enseigné à Elyse l'art de la sieste. Lors de notre première visite à Seattle, entre plusieurs événements, Shalane a réussi à trouver le temps de nous ramener à la chambre d'hôtel au milieu de l'après-midi. Elyse ne se souvenait plus de la dernière fois où elle s'était couchée au milieu de la journée !

Le sommeil est tout aussi important que la nutrition pour la récupération. Voici nos meilleurs conseils pour bien dormir.

---

1 ▸ Les athlètes pratiquant un sport d'endurance devraient dormir entre 8 et 10 heures par nuit.

2 ▸ Gardez un horaire cohérent. (Shalane se couche à 21 heures et se lève vers 6 heures). Cela aide votre corps à établir un rythme circadien (rythme biologique d'une durée de 24 heures environ) afin de maximiser le sommeil profond, celui qui répare le corps.

3 ▸ Levez-vous tôt et sortez dès la première heure du matin pour régler votre horloge biologique et votre rythme circadien.

4 ▸ Évitez la caféine après 12 h 30. Désolée, pas de pause café l'après-midi ! Le thé vert ou un carré de chocolat noir sont d'excellentes options si vous avez besoin d'un léger coup de pouce en caféine.

5 ▸ Les siestes diurnes ne devraient pas dépasser une heure pour ne pas nuire au sommeil nocturne. Celles de Shalane sont plus axées sur la décompression. Vous n'êtes pas obligé de vous endormir pour bénéficier d'une sieste.

6 ▸ Éteignez votre téléphone (et les autres appareils électroniques) une heure avant d'aller vous coucher. Des recherches ont montré que la lumière de ces appareils empêche notre cerveau de ralentir. Pour vous calmer, lisez quelques pages d'un livre pas trop stressant.

7 ▸ Une fois couché, ne vous attardez pas sur les aspects négatifs de la journée. Si vous n'arrêtez pas de penser à une liste de tâches préoccupantes, gardez un crayon et du papier près de votre lit et notez vos pensées pour les sortir de votre tête.

8 ▸ Détendez-vous avec une tasse de tisane et une collation légère avant de vous coucher. Reportez-vous à l'encadré de la page 201 : Une petite collation pour mieux dormir.

MACARONIS AUX DEUX FROMAGES ET AUX BROCOLIS

POUR SE NOURRIR EN SE FAISANT PLAISIR

500 g de macaronis coudés (ou de fusilli)

Gros sel

1 tête de brocoli détaillée en fleurettes

230 g de cheddar fort râpé

140 g de gruyère (ou de colby britannique) râpé

12 cl de lait entier

2 cuil. à soupe de beurre ramolli

Sel fin et poivre noir moulu

Lors de notre périple en Caroline du nord, nous avons reçu plusieurs demandes de recettes, dont celle des macaronis au fromage maison. Sans surprise, Shalane et son mari, Steve, ont décidé de faire deux tests à ajouter au présent ouvrage : ces macaronis et notre Poulet « frit » au four de la page 134. La famille Flanagan les a plébiscités.

Il existe dans le commerce des macaronis au fromage en préparations instantanées peu onéreuses (*Kraft macaroni & cheese dinner, Heinz macaroni cheese*...), mais elles sont généralement à base de fromages en poudre hautement transformés. D'autre part elles contiennent souvent des adjuvants chimiques nocifs. Et surtout, une fois que vous aurez goûté à cette version familiale réalisée avec du fromage authentique, vous ne reviendrez jamais en arrière. Une recette étonnamment facile qui régalera les enfants comme les adultes. **Pour 8 portions**

---

1 Dans une grande casserole, faites cuire les pâtes à l'eau bouillante salée selon les indications portées sur leur emballage pour les garder *al dente*. Incorporez le brocoli 2 minutes avant la fin de leur cuisson.

2 Égouttez les pâtes au brocoli, puis remettez-les dans la casserole et baissez le feu. Ajoutez les fromages, le lait et le beurre. Mélangez à feu doux pour faire fondre le fromage en ajoutant éventuellement un peu de lait afin que la sauce soit bien crémeuse. Rectifiez l'assaisonnement en sel, poivrez et servez aussitôt afin d'éviter aux fromages de s'agglomérer.

• **VÉGÉTARIEN**

RISOTTO DE RIZ COMPLET AUX CHAMPIGNONS ET AUX PETITS POIS

POUR LES DÎNERS TARDIFS

25 g de beurre ou 2 cuil. à soupe d'huile d'olive

350 g de champignons émincés

1 oignon jaune émincé

3 gousses d'ail écrasées au presse-ail

½ cuil. à café de sel de mer fin

75 cl de bouillon de légumes (ou de volaille) peu salé

200 g de riz complet à grains ronds

110 g de parmesan fraîchement râpé

140 g de petits pois surgelés décongelés

2 cuil. à soupe de jus de citron

Le zeste finement râpé d'un citron non traité (facultatif)

3 ou 4 pincées de poivre noir moulu

2 ou 3 cuil. à soupe d'herbes fraîches ciselées (basilic, menthe ou persil ; facultatif)

Le risotto traditionnel nécessite de rester au-dessus de la casserole tout au long de la cuisson, en remuant constamment tout en ajoutant une louchée de bouillon à la fois. Avec notre recette, nous nous sommes rebellées contre la technique classique pour vous proposer un risotto nutritif sans chichi à base de riz complet.

Il peut être servi comme un plat végétarien complet – encore mieux s'il est accompagné d'un œuf au plat par assiettée. Vous pouvez également le proposer en accompagnement d'un steak ou d'un poisson grillé.

Laissez le riz mijoter 45 minutes sans le remuer : juste le temps de terminer les exercices préconisés à la page 70 dans « Comment Shalane entretient sa forme ». À vos marques, prêt ? Partez ! **Pour 4 portion**s

---

1 Dans une grande casserole, chauffez le beurre ou l'huile sur feu moyen à vif. Faites-y revenir les champignons avec l'oignon, l'ail et le sel 5 minutes en remuant souvent.

2 Ajoutez le bouillon et le riz. Portez à ébullition en remuant. Baissez le feu et laissez cuire 45 minutes à couvert, sans remuer.

3 Découvrez la casserole. Poursuivez la cuisson de 15 à 20 minutes en remuant de temps en temps, jusqu'à ce que le riz ait absorbé quasiment tout le liquide.

4 Ajoutez le parmesan, les petits pois, le zeste (éventuellement) et le jus de citron. Poivrez, remuez environ 1 minute, puis incorporez les herbes (si vous en utilisez) et servez, bien chaud.

• **SANS GLUTEN** • **VÉGÉTARIEN**

SAUMON AU BEURRE DE MISO MIELLÉ

POUR UN RENFORT D'OMÉGA-3

500 g de filet de saumon (de préférence sauvage)*

¼ de cuil. à café de sel de mer fin

2 cuil. à soupe de beurre de miso miellé (page 183)

Graines de sésame (facultatif)

** Le saumon est très souvent servi trop cuit. En effet, il continue à cuire à partir de sa chaleur résiduelle après être sorti du four. Vérifiez-le au bout de 10 minutes dans la partie la plus épaisse du filet et, si sa cuisson vous semble presque terminée, retirez-le du four, enroulez-le dans du papier d'aluminium et laissez-le reposer 10 minutes à température ambiante. Il sera parfait !*

Le beurre de miso se conserve jusqu'à 2 semaines au réfrigérateur dans un récipient hermétiquement fermé. Veillez simplement à ne pas le contaminer de manière croisée en y plongeant la cuillère qui a touché le poisson cru.

Lors des entraînements de Shalane et de la grossesse d'Elyse, elles avaient envie de saumon (de chocolat aussi… mais c'est une autre histoire…). C'est parce que le saumon est riche en vitamine B12 énergisante, en acides gras anti-inflammatoires oméga-3, en vitamine D qui protège les os et, bien sûr, en protéines alimentant les muscles. Tous idéaux pour la récupération d'une sportive et la croissance d'un bébé en gestation !

Heureusement pour nous, ici en Oregon, nous avons la chance d'avoir accès aux saumons sauvages des variétés quinnat et coho. Le saumon sauvage, bien que cher, vaut son prix. C'est bien mieux pour l'environnement et pour votre corps qui travaille fort. Parmi les autres substituts tout aussi délicieux, citons la morue charbonnière (cabillaud *black cod*), l'omble chevalier et la truite *steelhead (truite arc-en-ciel)*. **Pour 4 portions**

---

1 Préchauffez le four à 210 °C (th. 7). Tapissez une plaque de cuisson d'aluminium ménager.

2 Déposez le saumon sur la plaque, peau dessous. Saupoudrez-le du sel, puis enduisez-le du beurre de miso miellé à la spatule.

3 Enfournez le filet de saumon pour 10 à 16 minutes selon son épaisseur. Vérifiez de la pointe d'un couteau piquée au centre : la chair doit être opaque.

4 Garnissez éventuellement de graines de sésame et servez, avec du riz complet ou les Patates douces du dimanche de la page 161.

SAUMON SIMPLEMENT GRILLÉ

Allumez le gril du four. Tapissez une plaque de cuisson d'aluminium ménager. Déposez le saumon sur la plaque, peau dessous. Salez et poivrez-le, puis saupoudrez-le généreusement de vos épices et/ou aromates préférés (pour nous : paprika fumé et ail déshydraté en poudre). Arrosez-le d'un filet d'huile d'olive et glissez la plaque à 10 cm sous le gril pour 3 à 4 minutes. Si votre filet de saumon est épais, retournez-le et faites-le cuire encore 3 à 4 minutes, peau vers le haut.

• **SANS GLUTEN**

POISSON AU FOUR AUX HARICOTS VERTS ET TOMATES

POUR UN REPAS D'ÉTÉ RAFRAÎCHISSANT

3 poignées de haricots verts effilés coupés en deux

400 g de tomates cerises

4 cuil. à soupe d'olives noires dénoyautées émincées ou de câpres

3 cuil. à soupe d'huile d'olive extra vierge

3 gousses d'ail finement émincées

1 cuil. à soupe de feuilles de thym frais ou 1 cuil. à café de thym séché

½ cuil. à café de sel de mer fin

500 g de filet de poisson blanc (flétan, cabillaud, vivaneau, tilapia, sole…)

Poivre noir moulu

½ citron non traité coupé en rondelles

Profitez du temps de cuisson pour placer vos jambes contre le mur pour une astuce de récupération rapide (voir les conseils de Shalane, page 169).

Cette recette est inspirée des repas préférés d'Elyse lors de son séjour dans le Sud de la France alors qu'elle travaillait en Suisse. Cuire un poisson blanc léger et feuilleté avec des tomates cerises, des haricots verts, des herbes fraîches et des rondelles de citron le garde moelleux et savoureux.

Nous savons tous que nous devrions consommer plus de poisson pour obtenir un apport sain en nutriments allant des acides gras oméga-3 à la vitamine D, mais il peut être difficile de se détourner du poulet et du bœuf. Nous espérons que ce plat rafraîchissant vous incitera à explorer les produits de la mer…

Pour 4 portions

---

1 Préchauffez le four à 200 °C (th. 6-7).

2 Dans un plat à gratin d'environ 23 cm x 33 cm, mélangez intimement les haricots verts avec les tomates cerises, les olives ou les câpres, 2 cuil. à soupe d'huile, l'ail, le thym et la moitié du sel. Étalez pour recouvrir le fond du plat.

3 Déposez le poisson sur les légumes. Saupoudrez-le du reste de sel et poivrez-le. Nappez-le du reste d'huile, puis recouvrez-le des rondelles de citron.

4 Enfournez pour 25 à 30 minutes*, jusqu'à ce que le poisson s'effeuille facilement à la fourchette et que les haricots soient tendres mais encore croquants. Servez dans le plat de cuisson.

** Le temps de cuisson varie en fonction de l'épaisseur du filet de poisson. S'il est très mince, nous vous recommandons de faire cuire les légumes 15 minutes avant d'ajouter le poisson et de poursuivre la cuisson d'environ 10 à 15 minutes.*

• SANS GLUTEN • SANS PRODUITS LAITIERS

RATATOUILLE AU TEMPEH

POUR FAIRE LE PLEIN DE PROTÉINES

3 cuil. à soupe d'huile d'olive extra vierge

1 oignon jaune émincé

500 g de courgettes coupées en ½ rondelles

500 g d'aubergines coupées en dés de 2,5 cm de côté

6 gousses d'ail grossièrement émincées

2 cuil. à café d'origan séché

1 cuil. à café de thym séché

1 cuil. à café de sel de mer fin

800 g de tomates coupées en petits morceaux

300 g de tempeh coupé en cubes ou 425 g de pois chiches conservés au naturel rincés et égouttés

2 ou 3 cuil. à soupe de vinaigre balsamique

¼ de cuil. à café de poivre noir moulu

Quelques feuilles de basilic frais déchirées entre les doigts

La ratatouille est un mets traditionnel méridional français qui allie de nombreux légumes et aromates. Nous l'avons réorganisé pour répondre aux besoins des coureurs en y ajoutant du tempeh riche en sels minéraux et en protéines. À défaut, remplacez-le par des pois chiches.

Servez la ratatouille en plat principal végétalien avec de la baguette croustillante. Les restes seront parfaits pour garnir une pizza ou accompagner des pâtes. **Pour 5 portions**

---

1 Dans une cocotte à fond épais, chauffez l'huile à feu moyen. Faites-y suer l'oignon environ 5 minutes en remuant souvent, sans le laisser colorer.

2 Ajoutez les courgettes, les aubergines, l'ail, l'origan et le thym. Salez et poursuivez la cuisson 10 minutes en remuant de temps en temps.

3 Ajoutez les tomates et le tempeh (ou les pois chiches). Mélangez bien, baissez le feu et laissez mijoter 25 minutes à couvert en remuant de temps en temps.

4 Hors du feu, ajoutez le vinaigre et poivrez. Mélangez et vérifiez l'assaisonnement en sel et en poivre. Décorez éventuellement des feuilles de basilic et servez.

• **SANS GLUTEN** • **VÉGAN**

LÉGUMES SIMPLEMENT RÔTIS

POUR UN METS DES PLUS SAINS

1 kg de légumes variés coupés en cubes de 2,5 cm de côté*

2 cuil. à soupe d'huile d'olive extra vierge

½ cuil. à café de sel de mer fin

¼ de cuil. à café de poivre noir moulu

** Les légumes-racines les plus denses (betteraves crues, panais, rutabaga) prennent plus de temps à cuire que les légumes comme les choux de Bruxelles et les courges. Ils doivent donc être coupés en morceaux plus petits pour un temps de cuisson uniforme.*

Épicez au choix : saupoudrez les légumes de vos épices favorites avant de les faire rôtir. Nos préférés : curry en poudre, graines de cumin, ail déshydraté en poudre et/ou paprika fumé.

Pour intensifier son apport nutritif quand elle s'entraînait pour le marathon de Boston, Shalane gardait quantité de légumes rôtis dans son réfrigérateur pour en ajouter à ses salades, bols de riz et œufs brouillés.

Le brocoli cuit à la vapeur donne une mauvaise réputation aux légumes tant il est fade et ennuyeux. C'est pourquoi cette recette va vous réjouir par la variété de ses saveurs et textures et par le large éventail de ses éléments nutritifs. Une fois rôtis, les légumes-racines, les courges et les crucifères deviennent des rock stars !

Cette recette fonctionne à merveille avec n'importe quel mélange de légumes résistant bien à la torréfaction. Essayez les panais, les betteraves crues, les choux de Bruxelles, le rutabaga, les carottes, le chou-fleur, les patates douces et la courge musquée. **Pour 4 portions**

---

1 Préchauffez le four à 210 °C (th. 7). Tapissez une plaque à four creuse de papier sulfurisé.

2 Épongez les légumes dans du papier absorbant. Répartissez-les sur la plaque. Nappez-les de l'huile. Salez et poivrez-les.

3 Glissez la plaque au centre du four pour 15 minutes. Mélangez soigneusement les légumes, puis poursuivez la cuisson de 30 à 35 minutes, jusqu'à ce qu'ils soient bien dorés.

4 Servez chaud, dès la sortie du four, en accompagnement, ou laissez refroidir et mélangez à des salades, par exemple la Salade de céréales aux légumes de la page 95.

• **SANS GLUTEN** • **VÉGAN**

PATATES DOUCES DU DIMANCHE

POUR PRÉVOIR SES REPAS HEBDOMADAIRES

2 grosses patates douces (environ 750 g au total)

2 cuil. à soupe d'huile d'olive extra vierge

½ cuil. à café d'ail déshydraté en poudre

½ cuil. à café de sel de mer fin

Si vous cuisinez pour toute une famille, doublez la quantité des ingrédients et utilisez 2 plaques de cuisson afin de pouvoir espacer suffisamment les morceaux de patates douces.

La peau des patates douces regorge d'éléments nutritifs, notamment du potassium, du fer et des fibres. Donc rôtissez les patates douces sans les peler après les avoir très soigneusement lavées. Quand Elyse doit les peler (comme pour les gaufres et pancakes de la page 82), elle conserve leur peau pour préparer la pâtée de Huck, son chiot dynamique.

La pizza préférée d'Amy Cragg, marathonienne olympique, est garnie de patates douces rôties. Vous trouverez la recette page 131.

Si nous intitulons ainsi cette recette, c'est parce que nous souhaitons vous inciter à faire rôtir les patates douces le dimanche afin de disposer d'un accompagnement immédiatement disponible tout au long de la semaine. Vous nous remercierez quand vous rentrerez affamé du travail ou de l'école et aurez rapidement besoin d'un repas nourrissant.

Les patates douces sont les meilleures amies des coureurs grâce à leurs glucides complexes faciles à digérer, comme leur richesse en potassium et en vitamines. Nous en utilisons les restes dans des œufs brouillés, des salades (voir la Salade de patates douces de la page 101) et les Bols énergétiques de la page 122). **Pour 5 portions**

---

1 Préchauffez le four à 210 °C (th. 7). Tapissez une plaque à four creuse de papier sulfurisé. Coupez les patates douces en cubes de 2,5 cm de coté, sans les peler (voir).

2 Déposez les cubes de patates douces sur la plaque de cuisson et mélangez-les avec l'huile, l'ail et le sel. Étalez-les en les écartant bien les uns des autres.

3 Enfournez pour 15 minutes, mélangez bien, puis poursuivez la cuisson de 10 à 15 minutes jusqu'à coloration bien dorée.

4 Les restes de patates douces rôties doivent être réfrigérés dès leur refroidissement pour les conserver jusqu'à 5 jours.

• **SANS GLUTEN** • **VÉGAN**

CHOU-FLEUR ET POMMES DE TERRE RÔTIS

POUR PLUS DE GLUCIDES BÉNÉFIQUES

500 g de petites pommes de terre rouges coupées en petits morceaux de taille similaire

3 cuil. à soupe d'huile d'olive extra vierge

2 cuil. à soupe de romarin frais émincé ou 2 cuil. à café de romarin séché

½ cuil. à café de sel de mer fin

¼ de cuil. à café de poivre noir moulu

1 tête de chou-fleur (environ 750 g) détaillée en bouquets rincés et égouttés

---

Ce mélange de légumes est l'un de nos préférés. Les pommes de terre satisfont nos besoins énergétiques quand le chou-fleur ajoute une touche saine d'antioxydants et ses super-pouvoirs anti-inflammatoires.

Ne mésestimez pas les pommes de terre : elles sont riches en nutriments dont les vitamines du groupe B, le potassium et la vitamine C. Cette dernière étant essentiellement située sous la peau, évitez de les peler et contentez-vous de les laver très soigneusement. Elles fournissent également des glucides complexes, faciles à digérer, qui restaurent le taux de glycogène. **Pour 5 portions**

---

1. Préchauffez le four à 210 °C (th.7). Tapissez une plaque à four creuse de papier sulfurisé.
2. Disposez les morceaux de pommes de terre sur la plaque. Mélangez-les avec 2 cuil. à soupe d'huile, le romarin, la moitié du sel et le poivre. Glissez au centre du four pour 20 minutes.
3. Retirez la plaque du four (sans éteindre ce dernier). Ajoutez les bouquets de chou-fleur. Arrosez du reste d'huile, parsemez du reste de sel, puis mélangez avec les pommes de terre.
4. Étalez les légumes sur la plaque de cuisson en une couche uniforme. Glissez à nouveau la plaque pour 30 minutes au centre du four jusqu'à ce que les légumes soient bien dorés.

• **SANS GLUTEN** • **VÉGAN**

Cette recette (ainsi que les frites de patates douces, publiée dans notre premier ouvrage) était un des plats d'accompagnement végétariens préférés de Shalane lors de son entraînement pour le Marathon de New York.

Apprenez à effectuer plusieurs tâches lorsque vous cuisinez. Pendant que les légumes rôtissent, préparez le reste du repas du jour ou celui du lendemain. Et pourquoi pas un smoothie pour le petit-déjeuner à venir ? (Voir pages 55 à 58).

« Car y a-t-il une pratique moins égoïste, un travail moins contraignant, moins de temps perdu, que de préparer quelque chose de délicieux et de nourrissant pour les personnes que vous aimez ? »

—MICHAEL POLLAN

RIZ COCO AUX ALGUES NORI

POUR UNE ÉNERGIE DE LONGUE DURÉE

400 g de riz complet à grains ronds

2 cuil. à soupe d'huile de noix de coco vierge

3 grandes feuilles d'algues nori grillées *

½ cuil. à café de sel de mer fin

Flocons de noix de coco grillés (facultatif)

** Les feuilles d'algues nori grillées (Yaki-Nori) sont le plus souvent vendues par dix dans des emballages refermables, dans les épiceries asiatiques, les meilleures grandes surfaces ou sur Internet.*

Pour gagner du temps et garantir un riz parfaitement cuit, nous utilisons un autocuiseur Instant Pot (voir « Des outils pour gagner du temps » page 35). Il suffit de placer 400 g de riz et 75 cl d'eau dans l'Instant Pot et de régler la cuisson pour 22 minutes. Puis de relâcher la pression 10 minutes.

Elyse a commencé à ajouter de l'huile de coco au riz pour sa fille, Lily, car les matières grasses saines sont essentielles au développement du cerveau des enfants. Bientôt, Shalane fut également adepte de cette recette. Les algues nori grillées y ajoutent un succulent goût d'umami (la cinquième saveur) et des oligoéléments essentiels.

Ce plat d'accompagnement est si simple et pourtant si bon que vous le trouverez sur nos tables toutes les semaines. Le riz complet, pour sa richesse nutritionnelle, devrait être un aliment de base dans la vie de chaque coureur.

Pour 6 portions

---

1 Faites cuire le riz selon les instructions portées sur son emballage ou selon celles du cuiseur. Émiettez les feuilles de nori en morceaux de la taille d'une bouchée.

2 Aérez le riz cuit à la fourchette. Incorporez l'huile de coco, les algues et le sel. Réservez à couvert jusqu'au moment de servir. Si vous en avez envie, garnissez-le de flocons de noix de coco grillés.

3 Nous aimons servir ce riz avec du poisson grillé. Il constitue également une excellente base pour les bols de riz créatifs (voir Bols énergétiques, page 122).

• **SANS GLUTEN** • **VÉGAN**

SALADE DE CHOU ROUGE

POUR REVITALISER L'ORGANISME

VINAIGRETTE AU YAOURT

8 cuil. à soupe de yaourt au lait entier*

3 cuil. à soupe d'échalotes finement émincées

1 cuil. à soupe de vinaigre de cidre

¾ de cuil. à café de sel de mer fin

¼ de cuil. à café de poivre noir en poudre

2 cuil. à soupe d'huile d'olive extra vierge

CHOU

450 g de chou rouge nettoyé (supprimez son trognon et ses plus grosses côtes) finement émincé

4 à 6 cuil. à soupe de feuilles de coriandre finement ciselées (facultatif)

** Apprenez pourquoi nous aimons mettre du yaourt dans les vinaigrettes à la page 101.*

Le chou rouge (en fait violet !) est une star parmi les crucifères. Il regorge de vitamines, de minéraux, d'antioxydants, de composés anti-inflammatoires et de fibres. C'est également l'un des légumes les moins chers, ce qui lui donne un excellent rapport qualité-prix.

Réservée au réfrigérateur dans un récipient hermétique, cette salade savoureuse agrémentée de vinaigrette au yaourt reste fraîche jusqu'à 5 jours (elle s'améliorera même le deuxième jour). Nous l'avons servie lors d'un dîner décontracté avec une Effilochée de porc à la mijoteuse (page 137) et du riz brun. Essayez-la également avec des Burgers de haricots noirs pimentés (page 138), des Hamburgers énergétiques (page 139), des Galettes de patates douces aux pois chiches (page 141) ou du Poulet grillé au vinaigre balsamique et au miel (page 135). **Pour 5 portions**

1 Préparez la vinaigrette. Dans un saladier, mélangez le yaourt avec les échalotes, le vinaigre, le sel et le poivre, puis émulsionnez avec l'huile en fouettant.

2 Ajoutez le chou et éventuellement la coriandre. Mélangez bien. Réservez au moins une heure au réfrigérateur avant de servir.

• SANS GLUTEN • VÉGÉTARIEN

VERDURE SAUTÉE AU BEURRE DE MISO

POUR FAIRE LE PLEIN DE VITAMINES

1 cuil. à soupe d'huile d'olive extra vierge

1 gros bouquet de feuilles de chou frisé kale, de feuilles de chou vert, du vert de feuilles de bettes ou de feuilles de moutarde ciselées*

2 cuil. à soupe de beurre de miso, nature ou au miel (voir page 183)

2 gousses d'ail écrasées au presse-ail

1 à 3 pincées de flocons de piment rouge (facultatif)

Graines de sésame (garniture facultative)

** Lavez les feuilles choisies, puis essorez-les soigneusement (une essoreuse à salade convient parfaitement). Si vous choisissez des feuilles de chou, supprimez leurs plus grosses côtes avant de les ciseler.*

Les amateurs de choux ou autres feuilles vertes adoreront cette recette, qui associe des légumes riches en nutriments à un beurre nourrissant. Maintenant que nous vous avons appris que le beurre de haute qualité est un aliment santé, vous n'avez plus d'excuse pour ne pas manger de légumes.

Les restes de cette verdure sautée sont étonnamment satisfaisants au petit déjeuner, servis avec des œufs brouillés, les Toasts à l'avocat et aux œufs de la page 85 ou les Bols énergétiques de la page 122. **Pour 3 portions**

1 Dans une grande poêle, chauffez l'huile à feu moyen. Ajoutez les feuilles choisies et laissez-les cuire de 2 à 4 minutes en remuant fréquemment jusqu'à ce qu'elles soient « tombées » (les feuilles de chou vert étant celles qui cuisent le moins vite).

2 Ajoutez le beurre de miso, l'ail et éventuellement le piment. Remuez 1 minute et servez, parsemé de graines de sésame si vous le souhaitez.

FEUILLES VERTES SAUTÉES SANS MISO

Si vous ne disposez que d'une poignée (1 portion) des feuilles vertes de votre choix, faites-les simplement « tomber » dans 2 cuil. à soupe d'huile d'olive bien chaude, puis ajoutez l'ail, du sel et du poivre. Remuez 1 minute et arrosez d'un filet de jus de citron pour relever la poêlée.

• **SANS GLUTEN** • **VÉGÉTARIEN**

LES ÉTIREMENTS DE RÉCUPÉRATION DE SHALANE

Pendant que la soupe mijote, Shalane pratique quelques étirements actifs pour récupérer. Essayez-les chez vous lorsque vous cuisinez.

▸ JAMBES SUR LE MUR

Allongez-vous sur le dos avec vos fesses calées contre le mur et placez vos jambes verticalement le long de ce mur afin que vous soyez en forme de L. Cela libère le bas du dos, stimule le flux sanguin pour la récupération et étire vos fessiers. Maintenez la position de 5 à 10 minutes en pratiquant une respiration profonde.

▸ BALANCEMENTS DE JAMBES

Tenez-vous au comptoir de cuisine avec une main et faites 10 balancements de jambe en avant et en arrière de chaque côté pour ouvrir vos hanches et vos ischio-jambiers.

▸ ÉTIREMENTS QUADRICEPS

Restez en équilibre sur un pied pendant que vous attrapez votre autre pied par derrière avec votre main opposée et tirez vers l'arrière vers vos fesses. Gardez vos fessiers activés. Points bonus si vous pouvez le faire en remuant quelque chose sur la cuisinière.

▸ MUSCLER LES JAMBES DANS L'ESCALIER

Positionnez un pied sur une marche tout en vous tenant à la rampe et montez et descendez lentement jusqu'à ce que votre talon soit en-dessous de la marche. Pratiquez cet exercice 20 fois sur chaque jambe pour étirer et renforcer les tendons d'Achille et les muscles des mollets.

▸ ÉTIREMENTS EN FLEXION

Mettez vos jambes en position de fente avec le genou avant ouvert à 90 degrés. Redressez la jambe arrière pour sentir un étirement le long de la cuisse. Gardez votre genou avant aligné sur vos orteils. Soulevez le bras opposé à la jambe arrière et tendez-le vers le haut. Cela devrait fournir un excellent étirement de vos fléchisseurs.

Renouvelez ce mouvement 15 fois, puis passez du côté opposé.

« Je prépare mes vêtements de compétition et mon sac la veille de la course afin que, au réveil, tout soit prêt. Lorsque vous êtes nerveux juste avant l'épreuve, il est facile d'oublier quelque chose ! »

—SHALANE

(LIRE PLUS DE CONSEILS POUR LA COURSE À LA PAGE 239)

7 | SAUCES

« J'ai toujours eu pour philosophie de rêver un peu dans ce sport. Si vous restez dans votre zone de confort, vous ne ferez rien de spécial. »

–DEENA KASTOR

PESTO MINUTE

POUR SE RÉGALER SANS ATTENDRE

250 g de feuilles de basilic (ou de roquette)

170 g de parmesan écroûté et coupé en petits morceaux

80 g d'amandes grillées *

1 gousse d'ail grossièrement émincée

12 cl d'huile d'olive extra vierge

2 cuil. à soupe de jus de citron

½ cuil. à café de sel de mer fin

** Variez les fruits secs ! Ce pesto est tout aussi délicieux en remplaçant les amandes par des noix, des noix de cajou ou des noisettes. Faites-les griller pour rehausser leur saveur (voir page 201).*

Incroyablement nutritif, le pesto est tellement polyvalent que nous en stockons toute l'année au congélateur. Il contient de l'ail cru et des herbes fraîches, ce qui en fait à la fois un stimulant immunitaire et un combattant de l'inflammation. Lily, la petite fille en bas âge d'Elyse, le mange à la cuillère à la sortie du pot. Shalane en a beaucoup consommé pour rester en bonne santé pendant la saison de la grippe tout en s'entraînant pour le marathon de Boston 2018.

Voici quelques-unes de nos recettes préférées qui utilisent ce pesto : Croque-thon au pesto (page 107), Pâtes aux sardines et au pesto (page 148), Dip de yaourt au pesto (page 175) et Pizza Cali (page 132). **Pour environ 50 cl**

1 Mixez les feuilles de basilic (ou de roquette) avec le parmesan, les amandes et l'ail jusqu'à obtenir un mélange finement broyé. Ajouter l'huile, le jus de citron et le sel. Mixez jusqu'à consistance homogène, en raclant de temps en temps les parois du bol du robot à la spatule pour parfaire le mélange.

2 Transférez dans un bocal en verre à large ouverture et conservez jusqu'à cinq jours au réfrigérateur.

Allergie aux fruits secs ? Remplacez-les par des graines de potiron grillées.

Pour en avoir toujours sous la main, doublez les ingrédients du pesto et congelez le reste dans de petits récipients hermétiquement fermés.

• **SANS GLUTEN** • **VÉGÉTARIEN** • **VÉGAN** : remplacez le parmesan par 6 cuil. à soupe de haricots blancs (conservés au naturel rincés et égouttés) et 1½ cuil. à soupe de pâte de miso blanc.

« Si vous avez le courage d'échouer, alors vous avez le courage de réussir. »

—SHALANE

DIP DE YAOURT AU PESTO

POUR GRIGNOTER SAINEMENT

12,5 cl de pesto (page 172)

12,5 cl de yaourt au lait entier

Basilic ou persil plat ciselés (facultatif)

Il vous reste un peu de ce dip ? Dégustez-le sur des bols de riz (voir Bols énergétiques, page 122).

Si vous aimez autant que nous ce pesto, vous voudrez faire preuve de créativité dans la façon dont vous en utiliserez les dernières cuillerées. Mélangez à parts égales avec du yaourt au lait entier, il se transforme en une « trempette » succulente pour un apéritif gagnant.

Pour impressionner vos invités, servez ce dip avec du chou-fleur rôti (voir Légumes simplement rôtis, page 159). **Pour 25 cl**

Dans un bol, mélangez le pesto avec le yaourt. Décorez éventuellement des herbes fraîches. Outre le chou-fleur rôti, vous pouvez servir avec des tortillas chips ou des bâtonnets de carottes et de concombre crus.

• **SANS GLUTEN** • **VÉGÉTARIEN**

SALSA FUMÉE ESTIVALE

POUR COMBLER UN PETIT CREUX

500 g de tomates coupées en quartiers

1 petit oignon rouge finement émincé

1 piment chipotle mariné du commerce (*chipotle in Adobo Sauce*)*

2 ou 3 cuil. à soupe de jus de citron vert

½ cuil. à café de sel de mer fin

** Vous trouverez les piments chipotle (piments jalapeño fumés et séchés conservés dans une marinade) dans les épiceries fines ou exotiques, et au rayon ethnique de la plupart des grandes surfaces. Nous les utilisons dans plusieurs recettes de cet ouvrage pour y ajouter une délicieuse saveur d'épice fumée. Conservez le reste des piments au réfrigérateur dans le bocal hermétiquement fermé, totalement recouverts de leur marinade. Ils peuvent également être égouttés et congelés.*

Une salsa de tomates rafraîchissante à déguster à tout instant au cœur de l'été. Vous en trouverez prête à consommer dans le commerce mais, contenant des conservateurs, elle est moins saine et beaucoup moins savoureuse que celle faite maison. Elle peut être préparée en moins de temps qu'il n'en faut à Shalane pour courir un *mile* ! Il suffit de mixer tous les ingrédients, puis de la réfrigérer.

La saveur de la salsa dépend évidemment de celle des tomates, à choisir bien mûres et en pleine saison, de préférence bio. **Pour 3 portions**

1 Mixez les tomates avec l'oignon, le piment égoutté, 2 cuil. à soupe de jus de citron et le sel en procédant par impulsions successives jusqu'à obtention de la consistance désirée. Goûtez, et ajoutez éventuellement le reste du jus de citron.

2 Répartissez la salsa dans deux bocaux de 60 cl de contenance (vous en offrirez un à un ami coureur !). Refermez hermétiquement et réservez au moins une heure au réfrigérateur avant de déguster.

3 Les restes de salsa doivent être conservés au réfrigérateur et resteront frais jusqu'à une semaine.

• **SANS GLUTEN** • **VÉGAN**

GUACAMOLE AILLÉ

POUR NOURRIR SON CORPS AVEC AMOUR

1 gros ou 2 petits avocats bien mûrs

150 g de tomate coupée en petits dés

2 gousses d'ail écrasées au presse-ail

Sel de mer fin

Jus de citron vert frais

Comme nous l'avons déjà mentionné, hacher l'ail n'est pas du goût de Shalane (contrairement à Elyse, elle ne craint pas de faire la vaisselle !). Elle recommande d'investir dans un presse-ail de qualité, car nous utilisons beaucoup cette plante aromatique (voir Des outils pour gagner du temps, page 35).

Vous avez probablement noté notre obsession pour les avocats. Nous les utilisons dans tous les domaines, des smoothies aux desserts. Pour les athlètes, ces fruits sont vraiment dignes d'un podium. Ils sont riches en nutriments anti-inflammatoires, en lipides sains et en fibres bénéfiques pour le cœur, en antioxydants puissants comme en vitamines et minéraux essentiels. En fait, la teneur en potassium des avocats est supérieure à celle de tout autre aliment : adieu les crampes musculaires !

Bien qu'il existe d'innombrables façons de savourer ce fruit crémeux polyvalent, le guacamole en est la vedette, qui transforme des dîners simples en repas mémorables. Nous le dévorons avec des haricots, du riz et un œuf sur le plat pour un dîner rapide en semaine. Et nous adorons en agrémenter des hamburgers, wraps, tacos, chips tortillas, et plus encore ! **Pour 25 cl**

1 Coupez les avocats en deux. Retirez les noyaux, puis prélevez la chair à la cuillère en la déposant dans une jatte. Écrasez-la à la fourchette.

2 Ajoutez les dés de tomate, l'ail, 2 ou 3 pincées de sel et 1 filet de jus de citron vert. Mélangez bien, goûtez et ajoutez plus de sel ou de jus de citron si nécessaire.

• **SANS GLUTEN** • **VÉGAN**

SAUCE TAHINI VERTE (ET CITRONNETTE)

POUR COMBATTRE L'INFLAMMATION

12,5 cl de yaourt au lait entier *

1 petite poignée de feuilles de basilic

4 cuil. à soupe de feuilles de persil plat

4 cuil. à soupe de tahini (pâte de graines de sésame grillées)

2 cuil. à soupe de jus de citron

1 gousse d'ail grossièrement émincée

¼ de cuil. à café de sel de mer fin

** Découvrez pourquoi nous aimons remplacer la mayonnaise par du yaourt au lait entier à la page 101.*

Vous tomberez amoureux de cette sauce, non seulement pour son goût prononcé, mais également pour ses incroyables bienfaits. Elle est unique en son genre ! Les herbes aromatiques que sont le basilic et le persil frais possèdent des super-pouvoirs anti-inflammatoires. L'ail cru donne un coup de pouce à votre système immunitaire. Le yaourt entier vous apportera une bonne dose de lipides sains et de calcium, et le tahini sa richesse en magnésium.

Vous l'utiliserez en dip pour y tremper des crudités ou des chips de pita, à la cuillère sur des Bols énergétiques (page 122) ou des hamburgers (page 139). Vous l'apprécierez également comme citronnette pour assaisonner votre salade préférée. **Pour 25 cl**

1 Mixez tous les ingrédients jusqu'à obtention d'une sauce lisse et crémeuse.

2 Pour la servir en dip, utilisez-la telle quelle. Pour une citronnette, allongez-la d'un peu d'eau pour la fluidifier à la consistance désirée.

3 À défaut de mixeur, hachez finement les herbes et l'ail, puis mélangez-les en fouettant avec les autres ingrédients. Cette sauce se conserve jusqu'à une semaine au réfrigérateur dans un récipient hermétiquement fermé.

• **SANS GLUTEN** • **VÉGÉTARIEN** • **VÉGAN** : créez une variante sans produits laitiers en remplaçant le yaourt par des noix de cajou. Dans une petite casserole, faites bouillir 12 cl d'eau, ajoutez 4 cuil. à soupe de noix de cajou, couvrez, retirez du feu et laissez tremper 30 minutes, jusqu'à refroidissement. Utilisez les noix de cajou et leur eau de trempage à la place du yaourt.

« Depuis que j'ajoute plus de matières grasses et d'aliments complets dans mon alimentation, mon poids de compétition se maintient naturellement, sans compter les calories. Alléluia !!! »

—SHALANE

SAUCE AUX NOIX DE CAJOU ET AU GINGEMBRE (ET CITRONNETTE)

POUR UNE TEXTURE CRÉMEUSE

250 g de noix de cajou non salées

4 cuil. à soupe de jus de citron

2 gousses d'ail grossièrement émincées

2 cuil. à soupe de gingembre fraîchement râpé

1 cuil. à soupe d'huile d'olive extra vierge

1 cuil. à soupe + 1 cuil. à café de sauce soja

Les sauces maison ont le pouvoir de transformer un plat simple en un mets mémorable qui vous comblera. Cette sauce crémeuse aux noix de cajou, relevée d'ail et de gingembre, est riche en lipides sains qui aident votre organisme à absorber les vitamines liposolubles.

Polyvalente, elle agrémentera de nombreuses recettes notamment à base de riz ou de légumes sautés. Reportez-vous à la liste des Bols énergétiques (page 122). Utilisez-la en citronnette pour assaisonner une salade, ou comme dip avec du chou-fleur et des mini-carottes rôties, ou des bâtonnets de céleri.

Pour 40 cl

1 Dans une casserole, portez 20 cl d'eau à ébullition. Ajoutez les noix de cajou, couvrez, retirez du feu et laissez tremper 30 minutes, jusqu'à refroidissement. Mixez le contenu de la casserole avec tous les autres ingrédients jusqu'à obtention d'une sauce onctueuse.

2 Pour une citronnette, allongez-la d'un peu d'eau pour la fluidifier à la consistance désirée.

3 Cette sauce se conserve jusqu'à 5 jours au réfrigérateur dans un récipient hermétiquement fermé. Elle peut aussi être congelée.

VARIANTE TEX-MEX

Remplacez le gingembre par du chili en poudre (mélange à base de piment, paprika, ail, cumin, origan et girofle, parfois enrichi de coriandre, carvi et sésame). Vous pouvez utiliser cette variante pour assaisonner la Salade du sud-ouest des États-Unis de la page 98.

• **SANS GLUTEN** • **VÉGAN**

SAUCE COCO AU CURCUMA ET AU CURRY

POUR RENOUVELER LE DÎNER (ET STIMULER VOTRE SANTÉ)

1 cuil. à soupe d'huile d'olive extra vierge ou d'huile de noix de coco

1 oignon jaune finement émincé

½ cuil. à café de sel de mer fin

3 gousses d'ail finement émincées

1 cuil. à soupe de curry en poudre

1 cuil. à café de curcuma en poudre

¼ de cuil. à café de piment de Cayenne en poudre

40 cl de lait de coco

Conservez la sauce au réfrigérateur jusqu'à une semaine dans un bocal hermétiquement fermé. Pour vous aider à préparer des repas de dernière minute, congelez les restes de sauce en portions individuelles dans des récipients hermétiques de 25 cl de contenance.

Les sauces maison vont devenir votre nouvelle arme secrète. Elles ajoutent de la richesse, de la saveur et de la profondeur à des plats simples, vous assurant de vous sentir rassasié à la fin du repas. Les lipides sains qu'elles contiennent sont nourrissants, réparateurs et aident à l'absorption des nutriments. Ajoutez des épices, et vous combattrez efficacement l'inflammation.

Servez cette sauce épicée au curry et à la noix de coco sur les plats les plus simples de la semaine, pour les rendre magiques ! Nous l'aimons sur des Bols énergétiques (page 122) ou avec du Tempeh croustillant (page 143). Brittany Williams, qui teste les recettes, recommande vivement d'en napper un poisson cuit au four. **Pour 75 cl**

---

1. Dans une casserole, chauffez l'huile sur feu moyen à vif. Faites-y suer l'oignon saupoudré du sel environ 5 minutes en remuant de temps en temps sans le laisser prendre couleur. Ajoutez l'ail, le curry, le curcuma et le piment. Remuez 1 minute.
2. Mouillez du lait de coco. Portez à ébullition en mélangeant, puis baissez le feu et laissez réduire environ 10 minutes à couvert et à feu doux jusqu'à ce que la sauce épaississe légèrement.
3. À l'aide d'un mixeur plongeant, mixez la sauce jusqu'à obtention d'une consistance lisse et homogène. Vous pouvez également la transférer dans un robot avant de la mixer, voire vous contenter de la mélanger en fouettant.
4. Servez avec du riz complet, du quinoa, des légumes sautées, des haricots, du tempeh, du poulet rôti, des steaks, des œufs au plat…

• **SANS GLUTEN** • **VÉGAN**

SAUCE DE BASE POUR PIZZA

POUR DES PIZZAS MINUTE

800 g de tomates concassées conservées au naturel (utilisez une marque de qualité supérieure)

2 cuil. à soupe d'huile d'olive extra vierge

2 gousses d'ail finement émincées

½ cuil. à café de sel de mer fin

Évitez d'acheter de la sauce à pizza prête à l'emploi du commerce, onéreuse et trop sucrée. Celle que nous vous proposons mettra mieux en valeur les autres ingrédients de vos pizzas. Toute simple, il n'est pas nécessaire de la laisser préalablement mijoter : elle cuit à la perfection sur la pizza.

Cette recette correspond à trois pizzas de 30 cm de diamètre. Elle peut être congelée pour une utilisation ultérieure. Elle vous servira également à préparer rapidement les sauces marinara et bolognaise (voir ci-dessous). **Pour 75 cl**

1 Dans un saladier, mélangez intimement les tomates avec l'huile, l'ail et le sel. C'est tout. Vous avez terminé.

2 Utilisez 25 cl de sauce par pizza de 30 cm de diamètre et étalez-la uniformément sur la pâte (voir La pizza d'Amy page 131).

3 Conservez jusqu'à cinq jours au réfrigérateur en couvrant le saladier de film alimentaire ou congelez par portions de 25 cl. Utilisez-les dans les trois mois.

SAUCE MARINARA BASIQUE (POUR 50 CL)

Mélangez tous les ingrédients ci-dessus dans une grande casserole. Portez à frémissements et laissez réduire 30 minutes à découvert et à feu doux en remuant de temps en temps. Assaisonnez selon l'envie. Mieux encore, faites mijoter cette sauce avec les Boulettes de dinde persillées de la page 147.

SAUCE BOLOGNAISE BASIQUE

Dans une grande casserole, chauffez 1 cuil. à soupe d'huile à feu moyen. Faites-y revenir 500 g de viande de bœuf hachée environ 5 minutes en remuant à la spatule pour bien la dissocier. Ajoutez tous les ingrédients ci-dessus et portez à frémissements. Laissez mijoter 30 minutes à feu doux et à découvert jusqu'à épaississement. Assaisonner selon l'envie. Cette sauce est parfaite pour réaliser La bolognaise du marathon de la page 144.

• **SANS GLUTEN** • **VÉGAN**

BEURRE DE MISO

POUR DÉCOUVRIR LA SAVEUR UMAMI

60 g de beurre

2 cuil. à soupe de pâte de miso

Grâce à ce beurre parfumé tout simple, vous ajouterez instantanément une touche d'umami, la cinquième saveur, à vos légumes (brocolis cuits à la vapeur, légumes sautés, maïs grillé, pommes de terre au four, etc.). Nous l'aimons particulièrement sur des légumes verts (voir Verdure sautée au beurre de miso, page 167). Quand Shalane ressent un impérieux besoin de sel, elle le déguste tartiné sur du pain grillé.

Le miso est un aliment fermenté, ce qui le rend riche en probiotiques et facile à digérer. Choisissez une pâte de miso légère (Miso blanc). Vous la trouverez dans les épiceries d'aliments naturels ou en ligne. Notre marque préférée est Miso Master. **Pour 4 cuil. à soupe**

---

1 Laissez ramollir le beurre à température ambiante. Dans un bol, mélangez-le à la fourchette avec la pâte miso jusqu'à homogénéité.

2 Le beurre de miso se conserve jusqu'à deux semaines au réfrigérateur dans un récipient hermétiquement fermé.

BEURRE DE MISO MIELLÉ

Ajoutez 1 cuil. à soupe de miel à la pâte miso. Délicieux sur du saumon cuit au four (voir Saumon au beurre de miso miellé, page 155).

• **SANS GLUTEN** • **VÉGÉTARIEN**

CITRONNETTE MISO

POUR DES SALADES ARDEMMENT DÉSIRÉES

- 12 cl d'huile d'olive extra vierge
- 6 cl de jus de citron
- 2 ou 3 gousses d'ail écrasées au presse-ail
- 2 cuil. à café de pâte de miso blanc
- ½ cuil. à café de sel de mer fin
- ¼ de cuil. à café de poivre noir moulu

Si cette citronnette figurait déjà dans notre ouvrage précédent, nous avons choisi de lui adjoindre ici une vinaigrette à l'orange et au gingembre. Essayez l'une ou l'autre pour assaisonner votre salade préférée.

La citronnette miso se marie parfaitement avec la Salade de pâtes végétarienne de la page 105, et la sauce orange-miso avec la Salade de chou et edamame de la page 96. **Pour environ 25 cl**

Dans un bocal, versez l'huile et le jus de citron. Ajoutez l'ail, la pâte miso, le sel et le poivre. Remuez à la fourchette pour diluer la pâte miso, puis fermez hermétiquement et secouez vigoureusement pour émulsionner.

Pour une variante sucrée des plus savoureuses, ajoutez 1 cuil. à soupe de miel en même temps que la pâte de miso.

• **SANS GLUTEN** • **VÉGAN**

SAUCE ORANGE-MISO

POUR UNE ALLIANCE DE SAVEURS MAGIQUE

- 6 cl d'huile d'olive extra vierge
- 6 cl de jus d'orange (de préférence fraîchement pressé)
- 4 cuil. à soupe de vinaigre de cidre
- 1 cuil. à soupe de pâte de miso blanc
- 1 cuil. à café de gingembre fraîchement râpé (facultatif)
- ½ cuil. à café de sel de mer fin
- ¼ de cuil. à café de poivre noir moulu

Dans un bocal, versez l'huile, le jus d'orange et le vinaigre. Ajoutez la pâte miso, éventuellement le gingembre, le sel et le poivre. Remuez à la fourchette pour diluer la pâte miso, puis fermez hermétiquement et secouez vigoureusement pour émulsionner.

• **SANS GLUTEN** • **VÉGAN**

Ces deux sauces se conserveront jusqu'à une semaine au réfrigérateur. Si l'huile se fige, réchauffez-la quelques secondes au micro-ondes pour la fluidifier.

Elyse, enceinte de 7 mois, avec sa fille Lily, lors de la séance de photos consacrée à la cuisine d'été au ranch Brasada.

VINAIGRETTE AU VINAIGRE DE CIDRE

POUR UNE MEILLEURE DIGESTION

5½ cuil. à soupe de vinaigre de cidre

2 cuil. à soupe de moutarde

2 cuil. à soupe d'échalotes finement émincées ou 1 (ou 2) gousses d'ail écrasées au presse-ail

12 cl d'huile d'olive extra vierge

Pour une vinaigrette crémeuse, ajoutez 1 cuil. à soupe de tahini (pâte de graines de sésame grillées) en même temps que la moutarde.

Le vinaigre de cidre est notre vinaigre de prédilection car, peu coûteux, il permet de mieux digérer. Riche en minéraux essentiels, notamment le potassium et le magnésium, sa nature acide aide à éliminer les bactéries néfastes, ce qui en fait un stimulant immunitaire naturel.

Choisissez un vinaigre de cidre bio, non filtré : il contient davantage de probiotiques de qualité. Notre marque préférée est *Bragg Organic Raw*.

Nous gardons toujours une réserve de cette vinaigrette dans notre réfrigérateur, car elle se marie à merveille avec la quasi-totalité des salades (voir Salade de céréales aux légumes, page 95). **Pour environ 25 cl**

1 Dans un bocal, versez le vinaigre. Ajoutez la moutarde et les échalotes (ou l'ail). Remuez à la fourchette pour diluer la moutarde, puis versez l'huile. Fermez hermétiquement et secouez vigoureusement pour émulsionner.

2 Cette vinaigrette est idéale pour assaisonner une salade rafraîchissante.

3 Elle se conservera jusqu'à une semaine au réfrigérateur. Si l'huile se fige, réchauffez-la quelques secondes au micro-ondes pour la fluidifier.

• **SANS GLUTEN** • **VÉGAN**

PICKLES D'OIGNON ROUGE MINUTE

POUR GARNIR DES BURGERS OU DES SALADES

12 cl de vinaigre de cidre
2 cuil. à soupe de miel liquide
2 cuil. à café de graines de fenouil
1 cuil. à café de sel de mer fin
1 oignon rouge émincé

Complétez votre repas en quelques minutes avec une entrée toute simple : salade verte garnie de ces pickles, de quelques graines de potiron ou pignons de pin (éventuellement grillés) et juste arrosée d'un filet d'huile d'olive. Mélangez bien et régalez-vous !

Oubliez les pickles d'oignons rouges du commerce, généralement trop sucrés, acides ou épicés. Cette recette, préparée en 5 minutes, pourra être conservée jusqu'à trois semaines, dans un bocal hermétiquement fermé, à l'abri de la chaleur et de la lumière.

Nous la préparons avec du vinaigre de cidre pour ses vertus détoxifiantes qui stimulent la digestion et renforcent le système immunitaire tant il est riche en enzymes, probiotiques, potassium et magnésium.

Cette recette est adaptable à d'autres légumes : carottes, radis, concombres, haricots verts, betteraves... **Pour environ 60 cl**

1 Mettez le vinaigre, le miel et les graines de fenouil dans un bocal préalablement ébouillanté. Fermez, secouez énergiquement pour bien mélanger tous les ingrédients.
2 Incorporez l'oignon en l'enfonçant dans le bocal : il doit être complètement immergé dans le liquide.
3 Fermez, puis laissez mariner une heure à température ambiante. Réservez ensuite au réfrigérateur jusqu'à utilisation.
4 Ces pickles peuvent être consommés après seulement quelques heures de marinade, mais ils seront encore meilleurs le lendemain. Ils resteront excellents jusqu'à trois semaines.

• **SANS GLUTEN** • **VÉGÉTARIEN** • **SANS PRODUITS LAITIERS**

8 EN-CAS ÉNERGÉTIQUES (SALÉS)

« Courez pour ceux qui ne peuvent pas courir. Appréciez votre santé, votre corps et votre capacité à vous dépasser. »

—SHALANE

OLYMPIA

GRANOLA AUX BRETZELS

POUR GRIGNOTER IMPUNÉMENT

300 g de bretzels
160 g d'amandes
160 g de noix de cajou
100 g de flocons d'avoine à l'ancienne
8 cuil. à soupe de graines de tournesol
2 cuil. à café de moutarde en poudre*
1 cuil. à café d'ail ou d'oignon déshydraté en poudre
½ cuil. à café de sel de mer fin
2 ou 3 pincées de piment de Cayenne en poudre
2 blancs d'œufs
2 cuil. à soupe d'huile d'olive extra vierge
2 cuil. à soupe de miel liquide

**Vous pouvez trouver de la moutarde en poudre dans les épiceries fines ou mixer des graines de moutarde (disponibles en grandes surfaces).*

Répartissez ce granola dans des petits sachets individuels à fermeture hermétique pour pouvoir en prendre un le matin avant de sortir.

Elyse a élaboré cette recette pour un numéro récent de *Runner's World*, et elle s'est révélée tellement bonne que Shalane nous a demandé de la glisser dans ce livre.

Répondez à vos besoins de collation minute avec une friandise croustillante et salée que vous pourrez dévorer sans mauvaise conscience. Ce granola savoureux unique est riche en protéines et en lipides sains. **Pour 7 portions**

1 Préchauffez le four à 135 °C (th. 4-5). Tapissez une plaque à four creuse de papier sulfurisé.

2 Dans un saladier, mélangez les bretzels avec les amandes, les noix de cajou, les flocons d'avoine, les graines de tournesol, la moutarde, l'ail ou l'oignon, le sel et éventuellement le piment. Dans un bol, fouettez les blancs d'œufs avec l'huile et le miel. Ajoutez au contenu du saladier et mélangez bien.

3 Étalez la préparation sur la plaque et enfournez pour 35 à 40 minutes jusqu'à légère coloration dorée. Remuez à mi-cuisson.

4 Laissez complètement refroidir le granola, puis réservez-le jusqu'à deux semaines dans un bocal hermétiquement fermé à l'abri de la chaleur, de la lumière et de l'humidité.

• **VÉGÉTARIEN** • **SANS GLUTEN** : utilisez des flocons d'avoine et des bretzels certifiés sans gluten.

CHIPS KALE-MISO

POUR DES CHIPS D'UN NIVEAU SUPÉRIEUR

1 gros bouquet de feuilles de chou frisé kale

160 g de noix de cajou non salées

2 cuil. à soupe d'huile d'olive

2 cuil. à café de pâte de miso blanc

½ cuil. à café d'ail déshydraté en poudre

½ cuil. à café de paprika fumé (facultatif)

** Si vous ne disposez pas de deux plaques à pâtisserie, vous pouvez procéder à la cuisson en deux fois : les chips ne deviendront croustillantes que si elles sont suffisamment séparées les unes des autres. Ne soyez pas surpris, elles rétrécissent beaucoup à la cuisson.*

Ces chips demandent un peu d'attention mais elles en valent la peine. Elles sont enrobées d'une pâte de noix de cajou savoureuse, ce qui les rend encore plus croustillantes. Elles sont tellement bonnes que vous devrez probablement les cacher à vos colocataires, enfants et maris affamés ! Une recette qui transformera les ennemis du chou frisé en amoureux de ce crucifère. **Pour 4 portions**

1 Préchauffez le four à 150 °C (th. 5). Tapissez deux plaques à pâtisserie* de papier sulfurisé. Supprimez les tiges des feuilles de chou. Lavez-les, épongez-les soigneusement dans du papier absorbant, puis déchirez-les en morceaux de taille similaire.

2 Mixez les noix de cajou au robot avec l'huile, la pâte de miso, l'ail et éventuellement le paprika jusqu'à obtention d'une pâte homogène.

3 Dans un saladier, mélangez à la main les morceaux de feuilles de kale avec la pâte afin de la faire bien pénétrer dans les nervures du chou. Chaque morceau doit être uniformément enrobé de pâte.

4 Répartissez les morceaux de chou enrobés sur les deux plaques en les écartant. Enfournez les plaques au centre du four, l'une au-dessus de l'autre, pour 10 minutes, puis inversez-les en plaçant la seconde au-dessus de la première. Poursuivez la cuisson de 7 à 10 minutes jusqu'à ce que les chips soient croustillantes. Surveillez attentivement la cuisson : elles brûlent facilement (nos premières tentatives en témoignent !).

5 Sortez les chips du four, laissez-les refroidir et servez-les aussitôt tant qu'elles sont encore croustillantes. Le lendemain, elles seront plus molles, mais tout de même bonnes !

• **SANS GLUTEN** • **VÉGAN**

Shalane s'entraîne avec son équipière de Nike Bowerman, Emily Infeld, lors d'une répétition de 400 mètres, au camp d'entraînement de Saint-Moritz, en Suisse.

HOUMOUS AUX PATATES DOUCES

POUR UNE COLLATION LUDIQUE ET SAINE

425 g de pois chiches conservés au naturel, rincés et égouttés

125 g de purée de patates douces (voir page 141)

4 cuil. à soupe de jus de citron

4 cuil. à soupe d'huile d'olive extra vierge

2 cuil. à soupe de tahini

1 gousse d'ail grossièrement émincée

½ cuil. à café de sel de mer fin

½ cuil. à café de paprika fumé * + quelques pincées pour servir

¼ de cuil. à café de cannelle en poudre

¼ de cuil. à café de piment de Cayenne en poudre (facultatif, pour donner du piquant)

** Le paprika fumé est une épice polyvalente dont vous ne pourrez plus vous passer une fois que vous l'aurez goûtée. À défaut, utilisez du paprika ordinaire ou du cumin en poudre.*

Comme vous avez aimé l'Houmous rose à la betterave dans notre précédent ouvrage, nous avons été inspirées par la création d'un autre houmous original, préparation idéale pour introduire plus de légumes dans votre alimentation. Cette fois, nous avons ajouté des patates douces pour satisfaire les fringales sucrées et salées.

Dévorez-le à tout moment de la journée: étalé sur du pain grillé au petit déjeuner, dans des wraps méditerranéens (page 108) pour un déjeuner végétarien bourré de protéines, sur du riz ou des hamburgers lors d'un dîner rapide, à l'apéritif avec des chips de pita, des tortilla chips de maïs, ou des bâtonnets de carotte et de céleri, des rondelles de concombre et des fleurettes de brocoli.

Pour 50 cl

1. Mixez les pois chiches au robot avec la purée de patates douces, le jus de citron, 3 cuil. à soupe d'huile, 3 cuil. à soupe d'eau, le tahini, l'ail, le sel, ½ cuil. à café de paprika fumé, la cannelle et éventuellement le piment jusqu'à consistance de pommade homogène. Procédez à grande vitesse en raclant de temps en temps les parois du bol et sous la lame du robot avec une spatule souple en caoutchouc.
2. Transférez le houmous dans une jatte, nappez-le du reste d'huile et parsemez-le de quelques pincées de paprika. Avant de mettre les pois chiches dans le mixeur, réservez-en quelques-uns pour décorer le houmous avant de le servir.
3. Conservez les restes du houmous jusqu'à cinq jours dans un récipient hermétique au réfrigérateur.

• **SANS GLUTEN** • **VÉGAN**

Le tahini, fabriqué à partir de graines de sésame grillées moulues, est riche en minéraux. Nous l'utilisons dans la Sauce tahini verte (page 178) et dans les Barres de granola à la mélasse (page 229). Mais si vous ne voulez pas ajouter d'ingrédient supplémentaire à votre liste d'achats, vous pouvez le remplacer par du beurre d'amande ou 1 cuil. à soupe supplémentaire d'huile d'olive.

Transformez les restes d'houmous en une sauce succulente pour le riz en le délayant avec un peu de bouillon ou d'eau et en le réchauffant brièvement au micro-ondes.

POIS CHICHES CROUSTILLANTS

POUR GRIGNOTER À TOUT INSTANT

425 g de pois chiches conservés au naturel, rincés et égouttés

2 cuil. à soupe d'huile d'olive extra vierge

½ cuil. à café de paprika fumé

½ cuil. à café d'ail déshydraté en poudre

½ cuil. à café de sel de mer fin

1 à 3 pincées de piment de Cayenne en poudre (facultatif)

Une envie soudaine de légumes frits ? Pensez à cette recette addictive et accrocheuse dans laquelle les pois chiches sont légèrement assaisonnés, puis rôtis au four jusqu'à devenir croustillants. Ils sont excellents dégustés seuls, en collation minute, ou parsemés sur vos salades préférés.

Les pois chiches sont riches en protéines, fibres, vitamines (notamment du groupe B, essentielles aux végétariens) et sels minéraux. Elyse les a dévorés pendant sa grossesse, tant ces légumineuses sont bien pourvues en folates (vitamine B9) indispensables aux femmes enceintes. **Pour 1 bol**

1 Préchauffez le four à 200 °C (th. 6-7). Tapissez une plaque à four creuse de papier sulfurisé.

2 Épongez soigneusement les pois chiches dans un linge, puis déposez-les sur la plaque. Ajoutez l'huile, le paprika, l'ail, le sel et éventuellement le piment. Mélangez bien, puis étalez en une seule couche.

3 Enfournez pour 20 minutes. Remuez bien, puis poursuivez la cuisson pour environ 10 minutes jusqu'à ce que les pois chiches soient très croustillants. Laissez complètement refroidir avant de déguster.

• **SANS GLUTEN** • **VÉGAN**

TARTINADE AU SAUMON FUMÉ

POUR UN EN-CAS STIMULANT LE CERVEAU

230 g de *cream cheese* ou de fromage frais*

170 g de saumon fumé haché finement au couteau

5 ½ cuil. à soupe de yaourt nature entier

Le zeste de 1 citron non traité finement râpé

¼ de cuil. à café de sel de mer fin

Poivre noir moulu

** Vous pouvez utiliser du Saint-Morêt par exemple.*

Cette tartinade riche en oméga-3, facile à préparer, impressionnera vos convives. Elle plaît à tous et peut être dégustée à tout moment de la journée. Pour le brunch, servez-la sur des bagels grillés ou utilisez-la pour fourrer une omelette. Au dîner, servez-la à l'apéritif avec des crostinis ou des pancakes au riz sauvage (page 81). Vous pouvez également en garnir des patates douces cuites au four.

Nous préférons le saumon sauvage fumé à chaud (cuit à cœur) pour sa texture, mais nous pouvons également utiliser du saumon fumé cru traditionnel. **Pour environ 40 cl**

1 Dans une jatte, mélangez intimement le fromage avec le saumon, le yaourt, le zeste et le jus de citron, le sel et le poivre. Les ingrédients peuvent aussi être mélangés rapidement avec un robot culinaire.

2 Couvrez de film alimentaire et réservez au réfrigérateur jusqu'au moment de servir.

• **SANS GLUTEN**

Shalane cuisine avec la fille de son entraîneur, Makenna Schumacher, et l'équipe XC de la Jesuit High School.

POP-CORN NORI

POUR LE PLAISIR DE GRIGNOTER SANS CULPABILISER

5 cuil. à soupe d'huile de noix de coco vierge

100 g de grains de maïs à éclater

2 grandes feuilles d'algues nori grillées *

½ à 1 cuil. à café de sel de mer fin

** Vous trouverez les grandes feuilles d'algues nori grillées (leur saveur est optimale) dans la plupart des épiceries d'aliments naturels, chez les détaillants de produits asiatiques ou en ligne.*

Attention : ne faites pas cette recette sans la partager avec des amis tant elle est addictive. Nous pourrions probablement dévorer la totalité de ces pop-corn en une seule fois ! Nous utilisons de l'huile de noix de coco nourrissante plutôt que du beurre pour faire éclater les grains de maïs et garnissons les pop-corn d'algues nutritives.

Une fois dégustée cette gourmandise salée maison, vous ne penserez plus jamais à vous procurer des pop-corn du commerce. Il y a quelque chose de magique à faire éclater les grains de maïs de manière traditionnelle. Et c'est vraiment très facile ! Tout ce dont vous avez besoin, c'est d'une grande sauteuse avec un couvercle bien ajusté. **Pour 4 portions**

1 Dans une grande sauteuse, chauffez 3 cuil. à soupe d'huile à feu vif. Ajoutez les grains de maïs et couvrez. Dès que vous commencez à entendre le maïs éclater, baissez le feu sur position moyenne et secouez légèrement la sauteuse.

2 Dès que vous n'entendez plus que quelques bruits d'éclatements isolés, retirez la sauteuse du feu. Réservez 1 minute à couvert jusqu'à ce que les éclatements cessent complètement.

3 Transférez le pop-corn dans un saladier. Chauffez le reste d'huile dans la sauteuse, puis nappez-en le pop-corn. Mélangez bien, puis émiettez les feuilles de nori sur le contenu du saladier et mélangez à nouveau.

4 Une fois totalement refroidi, le pop-corn peut être conservé jusqu'à trois jours dans un contenant hermétiquement fermé.

PERSONNALISEZ VOS POP-CORN

Créez vos propres combinaisons de saveurs ! Essayez le sucre à la cannelle et à la noix de coco, le parmesan et le poivre noir, ou du paprika fumé, du curcuma et de la poudre d'ail.

• **SANS GLUTEN** • **VÉGAN**

« Les bonnes choses viennent à ceux qui transpirent. »

–INCONNU

(DEVISE FAVORITE ENTENDUE LORS DE NOTRE DERNIÈRE TOURNÉE PROMOTIONNELLE)

FRUITS SECS AU CURCUMA ET AU SIROP D'ÉRABLE

POUR UN SNACK DE RÉCUPÉRATION DIGNE D'UN PODIUM

450 g de fruits secs non salés (noix de cajou, noisettes et amandes)

2 cuil. à soupe de sirop d'érable

2 cuil. à soupe d'huile de noix de coco vierge (ou d'huile d'olive)

1 cuil. à café de curcuma en poudre

½ cuil. à café de cannelle en poudre

½ cuil. à café de sel de mer fin

1 à 3 pincées de piment de Cayenne en poudre (facultatif)

Envie d'une collation plus saine ? Pensez aux fruits secs oléagineux : ils sont riches en acides gras mono-insaturés, bons pour le cœur, et en minéraux essentiels comme le zinc et le magnésium. Ce dernier est vital pour la santé des os et la détente des muscles. Les crampes et raideurs musculaires peuvent indiquer que votre régime alimentaire ne contient pas suffisamment de magnésium, une carence fréquente chez les coureurs.

En prime, cette collation est dotée de super-pouvoirs anti-inflammatoires issus de l'alliance épatante de la cannelle et du curcuma. Servez à l'apéritif quand des amis vous font une visite surprise. **Pour environ 470 g**

1 Préchauffez le four à 180 °C (th. 6). Tapissez une plaque à four creuse de papier sulfurisé.

2 Dans un saladier, mélangez les fruits secs avec le sirop d'érable, l'huile, le curcuma, la cannelle, le sel et éventuellement le piment afin de bien les enrober de tous ces ingrédients.

3 Étalez le contenu du saladier sur la plaque. Glissez cette dernière au centre du four pour 8 à 12 minutes en remuant toutes les 4 minutes jusqu'à ce que les fruits secs commencent à dorer.

4 Laissez complètement refroidir, puis réservez dans un bocal hermétiquement fermé à l'abri de la lumière, de la chaleur et de l'humidité.

• **SANS GLUTEN** • **VÉGAN**

FRUITS SECS GRILLÉS

POUR UN USAGE POLYVALENT

** Les temps de cuisson varient. Les amandes prennent plus de temps à griller que les cerneaux de noix.*

La torréfaction des fruits secs oléagineux améliore leur saveur et leur digestibilité. Vous les utiliserez dans les salades, le pesto, le beurre de noix, le muesli… Plutôt que de les torréfier au four, vous pouvez les faire griller à sec en les faisant sauter sur feu moyen à vif dans une poêle antiadhésive.

1 Préchauffez le four à 180 °C (th. 6). Étalez les fruits secs en une couche sur une plaque à four creuse.

2 Enfournez pour 8 à 15 minutes* en remuant toutes les 4 minutes : les fruits secs doivent être bien grillés sans brûler.

• **SANS GLUTEN** • **VÉGAN**

UNE PETITE COLLATION POUR MIEUX DORMIR

Les aliments suivants contiennent nombre de minéraux essentiels pour induire le sommeil, notamment du calcium et du magnésium qui détendent le corps. Ces collations fournissent des graisses saines pour vous satisfaire, afin que vous ne vous réveilliez pas affamé au milieu de la nuit. (Si vous vous réveillez avec des douleurs dues à la faim au milieu de la nuit, c'est un signe que vous ne consommez pas suffisamment de « carburant » tout au long de la journée.) Voir plus d'astuces pour dormir, page 150.

- Yaourt au lait entier et Granola au miel et à la cardamome *(page 64)*
- Parfaits à la fraise, rhubarbe et graines de chia *(page 217)*
- Banane au beurre d'amande ou Beurre de noix de cajou aux épices douces *(page 222)*
- Pop-corn Nori *(page 198)* ou Granola aux bretzels *(page 191)*
- Tisane et Biscuits à la mélasse et au gingembre *(page 208)*
- Muffins des super-héros *(page 63)* ou Barres de granola à la mélasse *(page 229)*
- Fruits secs au curcuma et au sirop d'érable *(page 200)*
- Tranches de fromage et quartiers de pomme

9 EN-CAS ÉNERGÉTIQUES (SUCRÉS)

« Gagner ne signifie pas toujours obtenir la première place. Cela signifie tirer le meilleur parti de vous-même. »

—MEB KEFLEZIGHI

BISCUITS À LA NOISETTE ET AU CITRON

POUR DE DÉLICIEUSES GALETTES SANS GLUTEN

320 g de farine de noisette*

¼ de cuil. à café de bicarbonate de soude

1 pincée de sel de mer fin

4 ou 5 cuil. à soupe de miel liquide

2 cuil. à soupe d'huile de noix de coco vierge fondue

Le zeste finement râpé d'un citron non traité

1 cuil. à soupe de jus de citron

** Vous pouvez préparer vous-même la farine de noisette en broyant des noisettes entières décortiquées au robot jusqu'à obtention d'une poudre fine. Procédez à grande vitesse par impulsions successives en veillant à ne pas transformer la poudre en pâte dite « beurre de noisette ». Les noisettes peuvent être remplacées par des amandes mais, leur teneur en matières grasses étant plus faible, ajoutez 1 cuil. à soupe d'huile de noix de coco.*

Le miel est un excellent substitut au sucre raffiné dans les gâteaux, les vinaigrettes et les sauces. C'est une source naturelle de glycogène facilement absorbable, ce qui en fait un carburant idéal pour pratiquer la course à pied. Le meilleur miel doit être très pur, sans aucun adjuvant, de préférence local si vous avez la chance de connaître un apiculteur !

Ce sont nos nouveaux biscuits de fête car ils plaisent à tous, enfants comme adultes, et sont très faciles à réussir. Nous apprécions qu'ils soient sans farine et sans sucres raffinés, et riches en lipides sains.

Si nous aimons tant les noisettes, c'est parce que c'est dans notre grand État, l'Oregon, que sont récoltées 99 % des noisettes cultivées aux États-Unis. Mais vous pouvez vous laisser tenter par de la farine d'amande (voir *). **Pour 18 petites galettes**

---

1 Préchauffez le four à 180 °C (th. 6). Tapissez une plaque à pâtisserie de papier sulfurisé.

2 Dans un saladier, mélangez la farine avec le bicarbonate et le sel, puis incorporez peu à peu le miel, l'huile, le zeste et le jus de citron en mélangeant jusqu'à obtention d'une pâte lisse et homogène.

3 Façonnez la pâte en 18 boulettes de même calibre. Répartissez-les sur la plaque en les espaçant, puis aplatissez-les légèrement avec le dos d'une cuillère à soupe humide.

4 Enfournez pour 8 à 10 minutes : la base des biscuits doit être bien dorée (utilisez une spatule métallique pour vérifier). Retirez les biscuits du four et laissez-les complètement refroidir avant de les savourer (encore chauds, ils sont mous et fragiles et ne deviennent croquants que parfaitement froids).

• **SANS GLUTEN** • **VÉGÉTARIEN** • **SANS PRODUITS LAITIERS**

« Ils sont SUPER ! Certains des meilleurs biscuits que j'ai faits depuis longtemps. Ils conservent leur goût et leur texture plusieurs jours. C'est génial. »

—GWEN JORGENSEN
TESTEUR DE RECETTES,
MÉDAILLÉ D'OR DU TRIATHLON OLYMPIQUE DE 2016

COOKIES AUX FLOCONS D'AVOINE ET AUX PÉPITES DE CHOCOLAT

POUR DE CHALEUREUX JOURS PARESSEUX

200 g de flocons d'avoine à l'ancienne

200 g de farine à pâtisserie complète*

200 g de pépites de chocolat

1½ cuil. à café de levure chimique

1 cuil. à café de bicarbonate de soude

1 cuil. à soupe de sel de mer fin

225 g de beurre fondu

225 g de sucre de coco (ou de sucre en poudre)

2 œufs battus

2 cuil. à café de vanille en poudre

** À défaut de farine à pâtisserie, plus légère, utilisez de la farine complète tout usage. Les cookies seront plus compacts, mais tout aussi délicieux.*

Il vous reste de la pâte ? Façonnez-la en une bûche de 5 cm de diamètre. Enveloppez-la de papier sulfurisé, puis enfermez-la dans un sac à congélation et fermez hermétiquement. Vous la conserverez jusqu'à trois mois au congélateur. Pour l'utiliser, mettez-la une heure à température ambiante avant de la découper en rondelles à l'aide d'un couteau bien aiguisé. Vous pourrez ensuite procéder à la cuisson des cookies.

Ces cookies sont le moyen ultime de rehausser le moral de votre maisonnée lors d'une morne journée hivernale. Nous en connaissons beaucoup chez nous, en Oregon… C'était l'une des premières recettes demandées par Shalane pour notre deuxième livre : un biscuit aux pépites de chocolat plus sain qui ne nécessite pas de mélangeur électrique.

Cuire au four avec de la farine complète peut être délicat. Le secret est de ne pas lésiner sur le beurre (rappelez-vous que le beurre est bon pour vous ! Voir page 26). Il est préférable de savourer ces cookies chauds dès la sortie du four.

Pour 24 cookies

---

1 Préchauffez le four à 180 °C (th. 6). Tapissez une plaque à pâtisserie de papier sulfurisé.

2 Dans un saladier, mélangez intimement les flocons d'avoine avec la farine, les pépites de chocolat, la levure, le bicarbonate et le sel.

3 Dans une jatte, mélangez le beurre fondu avec le sucre, les œufs et la vanille en fouettant.

4 Incorporez le contenu de la jatte à celui du saladier en mélangeant vivement jusqu'à obtention d'une pâte épaisse et homogène.

5 Façonnez la pâte en 24 boules de la taille d'une balle de golf (environ 5 cm de diamètre). Répartissez-les sur la plaque en les espaçant, puis aplatissez-les légèrement avec le dos d'une cuillère à soupe humide.

6 Enfournez pour 10 à 12 minutes jusqu'à ce que les cookies soient bien dorés. Transférez-les à la spatule sur une grille et dégustez-les aussitôt, ou laissez-les refroidir. Ils seront plus croquants…

• **VÉGÉTARIEN**

BISCUITS À LA MÉLASSE ET AU GINGEMBRE

POUR BIEN DIGÉRER

200 g de farine de blé complète

100 g de sucre de noix de coco (ou de sucre en poudre)

1 cuil. à café de cannelle en poudre

1 cuil. à café de bicarbonate de soude

¼ de cuil. à café de sel de mer fin

100 g de beurre fondu

5½ cuil. à soupe de mélasse noire

1 cuil. à soupe de gingembre fraîchement râpé ou 2 cuil. à café de gingembre en poudre

1 œuf battu

Une fois que vous aurez goûté ces biscuits, ils deviendront aussitôt vos favoris ! La combinaison alléchante de la mélasse et du gingembre leur confère une saveur addictive. Moins chargés en glucides que les biscuits du commerce, ils sont riches en fer grâce à mélasse noire. Le fer est un nutriment essentiel quand on recherche la performance. Le gingembre apaisant stimule la digestion et aide à minimiser les flatulences (chaque coureur le souhaite !).

Quant au beurre juste fondu (au micro-ondes ou dans une petite casserole à fond épais sur feu très doux), il est bénéfique pour votre santé, surtout si les vaches qui produisent le lait ont été nourries à l'herbe d'une prairie naturelle. Ses nutriments essentiels et acides gras à chaînes courte et moyenne sont rapidement énergisants. **Pour 24 biscuits**

1 Dans un saladier, mélangez la farine avec le sucre, la cannelle, le bicarbonate de soude et le sel.

2 Dans une jatte, mélangez le beurre fondu avec la mélasse, le gingembre et l'œuf en fouettant. Incorporez le contenu de la jatte à celui du saladier en pétrissant à la main jusqu'à obtention d'une pâte lisse et homogène.

3 Couvrez le saladier, puis réservez la pâte pour au moins une heure au réfrigérateur.

4 Préchauffez le four à 180 °C (th. 6). Tapissez deux plaques à pâtisserie de papier sulfurisé.

5 Façonnez la pâte en 24 boules de même calibre. Répartissez-les sur les plaques en les espaçant (les biscuits s'aplatiront d'eux-mêmes au cours de la cuisson).

6 Enfournez pour 10 à 12 minutes jusqu'à ce que la base des biscuits commence à brunir.

7 Transférez les biscuits à la spatule sur une grille et laissez-les complètement refroidir. Ils se conserveront jusqu'à cinq jours dans un contenant hermétique à l'abri de la lumière et de la chaleur.

• **VÉGÉTARIEN** • **SANS GLUTEN** : utilisez de la farine d'amande à la place de celle de blé et divisez la quantité de beurre fondu par deux (la teneur en humidité et en lipides de la farine d'amande étant plus élevée).

NIDS AU CITRON VERT ET À L'AVOCAT

POUR UN DESSERT ORIGINAL

FOND DES NIDS

170 g de dattes

50 g de flocons d'avoine à l'ancienne

4 cuil. à soupe de graines de sésame

2 cuil. à soupe d'huile de noix de coco vierge, fondue

1 pincée de sel de mer fin

GARNITURE DES NIDS

1 gros ou 2 petits avocats bien mûrs

Le jus de 3 citrons verts

4 cuil. à soupe de sirop d'érable

3 cuil. à soupe d'huile de noix de coco vierge, fondue

½ cuil. à café de vanille en poudre

1 pincée de sel de mer fin

Qui aurait imaginé qu'un dessert aussi « décadent » puisse être si nourrissant ?! Natalie Bickford, nutritionniste conseillère pour nos livres de cuisine, aime la tarte au citron vert, mais pas sa surcharge en sucre. Elle a donc mis au point cette variante riche en antioxydants et sans produits laitiers.

Grâce à l'avocat, la garniture de ces nids, particulièrement douce et crémeuse, est fort bien pourvue en fibres, vitamines du groupe B et potassium. **Pour 8 nids**

1 Tapissez les 8 empreintes d'un moule à muffins de caissettes en papier.

2 Préparez le fond des nids. Dénoyautez les dattes, puis mixez-les à grande vitesse avec les flocons d'avoine jusqu'à consistance de pommade.

3 Ajoutez les graines de sésame, l'huile et le sel. Mixez à nouveau pour bien homogénéiser cette préparation. Répartissez-la dans les caissettes en pressant bien du bout des doigts pour en recouvrir uniformément les fonds. Nettoyez le mixeur.

4 Préparez la garniture des nids. Coupez les avocats en deux. Retirez les noyaux, puis prélevez la chair à la cuillère et mixez-la aussitôt avec le jus de citron, le sirop, l'huile, la vanille et le sel jusqu'à consistance lisse. Répartissez sur le fond des nids. Réservez au moins une heure au congélateur avant de servir.

5 S'il vous reste des nids, conservez-les au congélateur dans un récipient hermétiquement fermé. Placez-les à température ambiante 15 minutes avant de les déguster.

• **SANS GLUTEN** • **VÉGAN**

MINI-COUPES AU CHOCOLAT ET BEURRE DE CACAHUÈTES

POUR UNE LÉGITIME ENVIE DE CHOCOLAT

CHOCOLAT

5 cuil. à soupe d'huile de noix de coco vierge

4 cuil. à soupe de cacao en poudre non sucré

3 cuil. à soupe de sirop d'érable

GARNITURE AU BEURRE DE CACAHUÈTE

2 cuil. à soupe d'huile de noix de coco vierge

110 g de pur beurre de cacahuète (fabriqué avec 100 % d'arachides)

1 cuil. à soupe de sirop d'érable

¼ de cuil. à café de vanille en poudre

1 pincée de sel de mer fin

À défaut de mini-moules à muffins, vous pouvez utiliser six moules à muffins ordinaires. Garnissez-les simplement du double des quantités de la préparation au chocolat et de la garniture au beurre de cacahuète préconisées pour les mini-coupes.

Notre assistante, Natalie Bickford, a créé cette recette spécialement pour nos jeunes fans qui aiment les *Reese's Peanut Butter Cups* (confiseries de beurre de cacahuètes au chocolat des plus populaires aux USA et disponibles en France). Natalie a remplacé les sucres raffinés, les huiles transformées et d'autres additifs de son bonbon préféré par des aliments complets riches en antioxydants et lipides sains pour recréer cette gourmandise.

Makenna, championne d'État du *2 miles* de son école secondaire et fille de l'entraîneur de Shalane, a aidé cette dernière à tester de nombreuses recettes de ce livre. Son commentaire envoyé par courriel fut bref mais explicite : « BON À MOURIR !!!!!!! » N'attendez plus pour vous lancer ! **Pour 12 mini-coupes**

1 Garnissez les 12 empreintes d'un moule à mini-muffins de petites caissettes de papier plissé.

2 Préparez le chocolat. Dans un bol, faites fondre l'huile de noix de coco 30 secondes au four à micro-ondes, puis incorporez-y le cacao et le sirop d'érable en remuant.

3 Déposez 1 cuil. à café de chocolat dans chaque caissette. Réservez 5 minutes au congélateur pour le solidifier.

4 Préparez la garniture au beurre de cacahuète. Dans un bol, faites fondre l'huile de noix de coco 30 secondes au four à micro-ondes. Utilisez une fourchette pour y incorporer le beurre de cacahuète, le sirop d'érable, la vanille et le sel en fouettant.

5 Répartissez la garniture au beurre de cacahuète sur le chocolat solidifié, puis terminez avec le reste du chocolat pour remplir les caissettes.

6 Réservez 30 minutes au congélateur, puis placez de 5 à 10 minutes à température ambiante avant de servir.

• **SANS GLUTEN** • **VÉGAN**

BILLES CHOCOLAT-MATCHA

POUR DES BONBONS ÉNERGÉTIQUES

GARNITURE

40 g de noix de coco râpée

80 g de dattes dénoyautées (de préférence de la variété *Deglet Noor*)

20 g de graines de potiron crues

2 cuil. à soupe d'huile de noix de coco vierge

1 cuil. à soupe de thé vert matcha en poudre

¼ de cuil. à café de sel de mer fin

ENROBAGE DE CHOCOLAT NOIR

2 cuil. à soupe d'huile de noix de coco vierge

3 cuil. à soupe de sirop d'érable

3 cuil. à soupe de cacao en poudre non sucré

Elyse gardait toujours dans son congélateur ces billes énergisantes afin d'en croquer deux chaque fois qu'elle avait besoin d'un regain d'énergie en écrivant ce livre de recettes. Cette friandise sans cuisson est riche en antioxydants et en minéraux provenant de la combinaison enrichissante de thé vert, de poudre de cacao et de graines de potiron.

L'enrobage de chocolat fond facilement, conservez-le au réfrigérateur si vous le préparez à l'avance. Réserver ces bonbons au congélateur est un excellent moyen d'éviter la tentation de finir le pot en entier en une seule fois… Mettez les billes à température ambiante 15 minutes avant de les dévorer.

À défaut de thé vert matcha, utilisez de la cannelle. **Pour 14 billes**

---

1. Tapissez une plaque à pâtisserie creuse de papier sulfurisé.
2. Préparez la garniture. Mixez la noix de coco râpée avec les dattes, les graines de potiron, l'huile de noix de coco, le thé et le sel jusqu'à consistance lisse. Au besoin, grattez de temps en temps les parois et sous la lame du robot avec une spatule souple.
3. Entre les doigts humides, façonnez la garniture en 14 billes de même calibre. Répartissez-les sur la plaque et réservez-les 15 minutes au congélateur pour les raffermir.
4. Préparez l'enrobage. Dans un bol, faites fondre l'huile 30 secondes au four à micro-ondes. Incorporez le sirop d'érable et le cacao en poudre en remuant.
5. Plongez les billes une par une dans le chocolat. À l'aide d'une fourchette, déposez-les au fur et à mesure sur la plaque en les espaçant. Nappez-les du reste de chocolat à la cuillère.
6. Placez au réfrigérateur pour au moins 30 minutes ou jusqu'au moment de servir. Les billes peuvent être conservées jusqu'à deux semaines au réfrigérateur ou jusqu'à trois mois au congélateur.

• **SANS GLUTEN** • **VÉGAN**

MUG CAKES MINUTE

POUR DES DESSERTS À PARTAGER

BASE DES GÂTEAUX

1 cuil. à café d'huile de noix de coco vierge

4 cuil. à soupe de poudre d'amande

1 œuf battu

2 cuil. à soupe de miel liquide

¼ de cuil. à café de levure chimique

CHOCO-CAFÉ

1 cuil. à café de cacao en poudre non sucré

1 cuillère à café de café moulu

1 cuil. à soupe de pépites de chocolat

NOIX DE COCO-VANILLE

2 cuil. à soupe de noix de coco râpée

½ cuil. à café de vanille en poudre

GRAINES DE CHIA AU CITRON

2 cuil. à café de graines de chia

2 cuil. à café de jus de citron

Lorsque nous avons appris qu'il était possible de cuire des gâteaux individuels en 1 minute dans le four à micro-ondes, nous avons bien évidemment voulu tester par nous-mêmes. Nous voulions des mug cakes sans gluten, légers et moelleux, qui nous régaleraient. Après avoir maîtrisé la cuisson de la base, nous l'avons déclinée en trois saveurs épatantes. Cette recette est si facile à faire que vous pouvez y initier les enfants.

Nous adorons servir ces petits gâteaux en les garnissant d'une cuillerée à soupe de yaourt au lait entier et (en saison) de fraises émincées. C'est un excellent petit déjeuner ou un dessert énergisant ! **Pour 3 gâteaux individuels**

1 Dans un mug, faites fondre l'huile de noix de coco 30 secondes au four à micro-ondes, puis ajoutez la poudre d'amande, l'œuf, le miel et la levure en remuant vivement pour obtenir une préparation lisse.

2 Incorporez-y les ingrédients de votre variante préférée : Choco-café, Noix de coco-vanille ou Graines de chia au citron.

3 Faites cuire 1 min 30 au four à micro-ondes à la puissance maximale. Si vous souhaitez garnir les mug cakes de yaourt et de fraises, faites-le dès la sortie du four.

• **SANS GLUTEN** • **VÉGÉTARIEN** • **SANS PRODUITS LAITIERS**

« Utilisez votre tête pour la première moitié de la course et votre cœur pour la seconde moitié. »

–ENTRAÎNEUR

PARFAITS À LA FRAISE, RHUBARBE ET GRAINES DE CHIA

POUR ACCROÎTRE L'ENDURANCE

CRÈME AUX GRAINES DE CHIA

25 cl de yaourt au lait entier

25 cl de lait d'amande non sucré

8 cuil. à soupe de graines de chia

4 cuil. à soupe de miel liquide

2 cuil. à café de vanille en poudre

1 pincée de sel de mer fin

COMPOTE FRAISES-RHUBARBE

500 g de fraises coupées en quatre

3 tiges de rhubarbe effilées, extrémités supprimées, puis finement émincées*

2 ou 3 cuil. à soupe de miel liquide, en fonction de la teneur en sucre des fraises

** Hors de la saison de la rhubarbe et des fraises, utilisez du Gruau aux pommes dorées (page 77).*

Attention : ce formidable dessert (ou petit déjeuner !) vous donnera envie de courir plus longtemps que votre entraîneur ne le permet. Les graines de chia sont peut-être minuscules, mais elles contiennent une quantité incroyable de micronutriments, d'acides gras oméga-3, de protéines et de fibres. C'est pourquoi elles constituaient une nourriture de choix pour les guerriers aztèques et mayas. En effet, chia signifie « force » en langue maya.

Nous aimons servir ces parfaits spectaculaires dans des verrines de 30 cl de contenance, et les parsemer de Granola au miel et à la cardamome (page 64).

Pour 5 parfaits

1 La veille, préparez la crème. Dans une jatte, mélangez le yaourt avec le lait, les graines de chia, le miel, la vanille et le sel.

2 Couvrez et réservez au réfrigérateur jusqu'au lendemain.

3 Le jour-même, préparez la compote. Dans une casserole, mélangez tous les ingrédients avec 2 cuil. à soupe d'eau. Faites compoter environ 15 minutes à feu moyen et à découvert en remuant de temps en temps. Laissez complètement refroidir.

4 Pour assembler les parfaits, répartissez des couches de crème et de compote dans les verrines en les alternant. Parsemez éventuellement de granola (ou de fruits secs concassés) et de morceaux de fraises.

• **SANS GLUTEN** • **VÉGÉTARIEN** • **SANS PRODUITS LAITIER**S : utilisez du yaourt au lait de coco.

Les graines de chia doivent toujours être trempées dans un liquide avant d'être consommées, car elles peuvent absorber jusqu'à 10 fois leur poids en eau. C'est pourquoi nous recommandons de réaliser la crème la veille.

SUCETTES GLACÉES DU VAINQUEUR

POUR SE RAFRAÎCHIR APRÈS L'EFFORT

Pendant sa grossesse, en août, Elyse a confectionné de nouvelles sucettes glacées à partager avec sa fillette de 3 ans. Ces bâtonnets rafraîchissants sont étonnamment riches en nutriments essentiels pour un sportif, les graines de chia améliorant l'endurance grâce à leur teneur en oméga-3, protéines et fibres.

Les deux saveurs choisies pour ces sucettes sont rapidement devenues les préférées des enfants du voisinage. Choisissez celle à la pastèque et aux fruits rouges lorsque vous avez envie de quelque chose de léger et de rafraîchissant ou celle au lait de coco et à la banane si vous préférez les textures crémeuses.

Pour 12 sucettes au total

SUCETTES GLACÉES À LA PASTÈQUE ET AUX FRUITS ROUGES

450 g de chair de pastèque épépinée coupée en dés

250 g de myrtilles ou de framboises congelées

3 cuil. à soupe de miel (ou de sirop d'érable)

2 cuil. à soupe de graines de chia

Le jus de 1 citron vert

Mixez la pastèque au robot avec les fruits rouges, le miel (ou le sirop d'érable), les graines de chia et le jus de citron vert jusqu'à obtention d'un mélange parfaitement lisse. Répartissez dans 6 moules à sucettes glacées, ajoutez les bâtonnets et congelez jusqu'au lendemain.

SUCETTES GLACÉES AU LAIT DE COCO ET À LA BANANE

1 grande ou 2 petites bananes pelées congelées

25 cl de lait coco entier

12 cl d'eau de coco

25 g de cacao en poudre non sucré

3 cuil. à soupe de sirop d'érable

2 cuil. à soupe de graines de chia

Mixez les bananes au robot avec le lait de coco et l'eau de coco, le cacao, le sirop d'érable et les graines de chia jusqu'à l'obtention d'un mélange lisse et onctueux. Répartissez dans 6 moules à sucettes glacées, ajoutez les bâtonnets et congelez jusqu'au lendemain.

• **SANS GLUTEN** • **VÉGAN** : utilisez du sirop d'érable à la place du miel.

10 PRÊTS POUR LA COURSE

« Dans une journée d'entraînement ordinaire, je me rappelle que je me prépare à l'extraordinaire. »

—SHALANE

BEURRE DE NOIX DE CAJOU AUX ÉPICES DOUCES

POUR UNE ÉNERGIE DURABLE

450 g de noix de cajou non salées grillées

3 cuil. à soupe de sucre de noix de coco (ou de sucre en poudre)

2 cuil. à soupe d'huile de noix de coco vierge

1½ cuil. à café de cannelle en poudre

1 cuil. à café de gingembre en poudre

1 cuil. à café de vanille en poudre

¼ de cuil. à café de sel de mer fin

Griller les noix de cajou améliore leur flaveur et leur digestibilité (voir page 201 pour les instructions). Assurez-vous simplement qu'elles soient complètement refroidies avant de les mixer.

Le beurre de noix de cajou est un aliment énergétique digeste facile à consommer, avant, pendant ou après une longue course. Nous l'avons conçu pour qu'il soit délicieux savouré à la cuillère dès la sortie du pot. Vous ne pouvez pas non plus vous tromper en le tartinant sur du pain grillé, accompagné de rondelles de bananes ou de quartiers de pomme pour obtenir un en-cas équilibré. Nous aimons aussi le mélanger à de la farine d'avoine pour un petit déjeuner nourrissant. **Pour 400 g**

---

1 Mixez tous les ingrédients au robot à vitesse maximale jusqu'à consistance de pommade.

2 Procédez par impulsions successives en raclant de temps en temps les parois et sous la lame du mixeur avec une spatule souple.

3 Ce « beurre » oléagineux est plus facile à tartiner lorsqu'il est conservé à température ambiante. Il restera consommable jusqu'à un mois dans un bocal hermétiquement fermé à l'abri de la lumière et de la chaleur. Pour une durée de conservation plus longue, réservez-le jusqu'à trois mois au réfrigérateur.

• **SANS GLUTEN** • **VÉGAN**

« Lorsque je fixe mon dossard, je ne mets jamais les épingles dans les trous prévus à cet effet. Je les pique toujours à travers le dossard lui-même pour qu'il soit plus proche de ma poitrine et plus aérodynamique. Mon père m'a appris ce petit rituel d'avant la course quand j'étais enfant. »

—SHALANE

CARRÉS CHOCOLATÉS À LA NOIX DE COCO ET AUX NOIX DE CAJOU

POUR FAIRE LE PLEIN D'ÉNERGIE

350 g de dattes dénoyautées (de préférence de la variété *Deglet Noor*)*

110 g de noix de coco râpée non sucrée

160 g de noix de cajou non salées

5½ cuil. à soupe de cacao en poudre non sucré

2 cuil. à soupe d'huile de noix de coco vierge

¼ de cuil. à café de sel de mer fin

** Si les dattes sont très sèches, réhydratez-les en les plongeant brièvement dans de l'eau tiède, puis en les épongeant soigneusement dans du papier absorbant.*

Elyse adore élaborer de nouvelles recettes énergisantes pour *Picky Bars*, une société de restauration spécialisée créée par des athlètes d'élite, Jesse Thomas, Lauren Fleshman et Steph Bruce. Heureusement pour vous, cette équipe de pointe a accepté de vous donner un aperçu de l'une des savoureuses préparations d'Elyse.

Ces carrés ont du punch, grâce au mélange des dattes, pour un coup de fouet rapide, des noix de cajou et de l'huile de noix de coco pour une énergie soutenue. La poudre de cacao fournit des antioxydants, des minéraux et un peu de caféine. Et, doublement impressionnant, ce snack de performance ne contient ni édulcorants raffinés ni poudre de protéines transformées, ce qui peut causer des ravages sur votre système digestif. **Pour 16 carrés**

1. Mixez tous les ingrédients au robot : pulsez à plusieurs reprises pour les hacher, puis procédez de 1 à 2 minutes à la vitesse maximale, jusqu'à consistance homogène, en vous arrêtant une ou deux fois pour racler les parois du bol et le dessous de la lame avec une spatule souple.
2. Tapissez un plat à four de 20 cm de côté de papier sulfurisé. Étalez-y la préparation mixée, puis lissez-la en la pressant fortement avec une spatule métallique en une couche uniforme remplissant le fond du plat. Laissez refroidir 30 minutes au réfrigérateur, puis tranchez en 16 carrés (une roulette à pizza convient parfaitement).

• **SANS GLUTEN** • **VÉGAN**

CONCENTRÉ D'ÉNERGIE

POUR AFFRONTER LE MARATHON

125 g de purée de patate douce (voir instructions de cuisson page 141)

5½ cuil. à soupe de dattes dénoyautées très finement émincées

2 cuil. à soupe de beurre de cacahuètes (100 % d'arachides)

1 cuil. à café de graines de chia

2 pincées de sel de mer fin

Apports nutritionnels Comme expliqué au chapitre 1, nous ne donnons pas les apports nutritionnels pour chaque recette. Cependant, nous avons fait une entorse à cette règle pour celle-ci tant les athlètes ont besoin d'une source d'énergie constante lors de la course. Elle est conçue pour 3 portions : adaptez-la à vos besoins énergétiques.

PAR PORTION

Macronutriments :
180 calories, 28 g de glucides (14 g de sucre naturel),
6 g de lipides, 4 g de protéines.

Électrolytes :
480 mg de potassium,
150 mg de sodium,
26 mg de calcium,
33 mg de magnésium.

Au cours de notre tournée de lecture, la première demande que nous avons reçue concernait des recettes aux aliments complets riches d'ingrédients énergétiques. Les marathoniens, les triathlètes et les coureurs d'endurance sont fatigués des préparations du commerce trop sucrées. Nous avons créé cette option pour ceux qui recherchent un « carburant » facile à digérer, fournissant une énergie rapide et durable.

N'essayez rien de nouveau le jour de la course. Testez cette recette à plusieurs reprises lors de longs trajets d'entraînement et adaptez-la à vos besoins. Elle doit être consommée avec au moins 25 cl d'eau ou votre boisson d'hydratation diluée préférée : le sel de mer remplace les électrolytes nécessaires et les graines de chia aident le corps à retenir les liquides, mais les deux peuvent vous donner soif si vous ne vous hydratez pas en courant. **Pour 3 portions**

---

1. Dans une jatte, mélangez vivement tous les ingrédients avec 2 cuil. à soupe d'eau jusqu'à obtention d'une préparation homogène.
2. Répartissez la préparation dans trois sachets à fermeture hermétique de la contenance d'une portion, de préférence réutilisables, prévus pour des aliments pour bébés, faciles à remplir et à consommer en mouvement.
3. Cette préparation peur être conservée jusqu'à cinq jours au réfrigérateur.

VARIANTE CHOCOLATÉE

Ajoutez 2 cuil. à soupe de cacao en poudre non sucré et 1 cuil. à soupe d'eau supplémentaire aux ingrédients précédents.

• **SANS GLUTEN** • **VÉGAN**

Shalane, Elyse et leur amie Liz Holt, exécutant une boucle de 12 miles sur le sentier Green Lakes sur la montagne South Sister en Oregon.

« Ton corps n'est pas ton chef-d'œuvre – ta vie l'est. »

—GLENNON DOYLE MELTON

BARRES DE GRANOLA À LA MÉLASSE

POUR UNE RECHARGE ÉNERGÉTIQUE

150 g de flocons d'avoine à l'ancienne

40 g de noix de coco râpée non sucrée

5½ cuil. à soupe de cerises séchées finement émincées

5½ cuil. à soupe de graines de potiron

4 cuil. à soupe de graines de sésame

1 cuil. à café de cannelle en poudre

¼ de cuil. à café de sel de mer fin

8 cuil. à soupe de tahini (ou de beurre de cacahuète)

3 cuil. à soupe d'huile de noix de coco vierge, fondue

1½ cuil. à soupe de mélasse noire

1 cuil. à café de vanille en poudre

Ces barres de granola hypoallergéniques, à la fois tendres et croustillantes, vous convaincront de ne plus acheter celles du commerce, généralement trop sucrées. Riches en lipides sains et en minéraux, elles sont bien pourvues en magnésium grâce aux graines de potiron et de sésame. Essentiel pour le bon fonctionnement des muscles, le magnésium améliore la santé des os, le sommeil et bien plus encore (chaque cellule du corps a besoin de magnésium pour fonctionner correctement). La mélasse ajoute une dose de fer qui ferait la fierté de Popeye.

Shalane aime grignoter ces barres la semaine précédant une compétition pour compléter sa teneur en glycogène. Elles sont riches en fibres et ne sont donc pas destinées à être consommées pendant la course. (Ne dites pas que nous ne vous avons pas prévenus !) **Pour 16 barres**

1 Préchauffez le four à 180 °C. Tapissez un plat à four de 20 cm de côté de papier sulfurisé en le laissant largement déborder.

2 Dans un saladier, mélangez les flocons d'avoine avec la noix de coco, les cerises, les graines de potiron et de sésame, la cannelle et le sel.

3 Ajoutez le tahini (ou le beurre de cacahuète), l'huile, la mélasse et la vanille en remuant vivement jusqu'à consistance homogène. Verser dans le plat de cuisson et lissez avec une spatule métallique en appuyant fermement pour obtenir une couche uniforme et compacte.

4 Enfournez pour 25 à 30 minutes ou jusqu'à ce que le dessus soit ferme et bien doré. Retirez du four et laissez complètement refroidir. Utilisez les débords du papier sulfurisé pour démouler. Transférez sur une planche à découper. Utilisez un couteau bien tranchant pour diviser en 16 barres.

Emballez les barres individuellement dans du film alimentaire pour en avoir toujours à portée de main.

Le sommeil vous fuit ? Vous pourriez manquer de magnésium. Ces barres riches en minéraux sont l'un des en-cas préférés de Shalane, accompagnées d'une tasse de tisane. Voir plus d'astuces favorisant le sommeil page 150.

- **SANS GLUTEN** : utilisez des flocons d'avoine certifiés sans gluten.
- **VÉGAN**

GINGERADE AU CITRON

POUR S'HYDRATER EN AMÉLIORANT LA DIGESTION

1 litre d'eau filtrée

5 cm de gingembre frais pelé et râpé

5 cuil. à soupe de jus de citron frais

2 cuil. à soupe de miel liquide

1 ou 2 pincées à café de sel de mer fin (facultatif)

Les affections digestives sont communes chez les coureurs (comme en témoignent les longues lignes de cabines de toilettes itinérantes le long des parcours de courses !). Lorsque vous parcourez des kilomètres, l'oxygène migre de votre système digestif vers vos muscles, ce qui peut compromettre la digestion.

Le gingembre et le jus de citron stimulent le tube digestif. Le gingembre est un carminatif naturel (qui minimise les flatulences) et un spasmolytique intestinal (qui détend et apaise). Avant de manger après une longue course, sirotez cette boisson rafraîchissante, puis rappelez-vous : mangez lentement ! Une bonne digestion permet à votre corps de maximiser l'absorption des nutriments, ce qui est essentiel pour la santé et le bien-être.

Alors qu'elle s'entraînait pour le Marathon de New York à Mammoth, à haute altitude, Shalane préparait cette gingerade chaque semaine pour s'hydrater la veille de ses longs entraînements. Pour un supplément d'électrolytes, elle aime y ajouter de l'eau de coco. **Pour 1 litre**

1 Dans une casserole, portez l'eau à ébullition à feu vif. Ajoutez le gingembre. Baissez le feu et laissez frémir 15 minutes sur feu doux à moyen.

2 Filtrez au travers d'une passoire fine placée sur un bocal à large ouverture. Ajoutez le jus de citron, le miel et éventuellement le sel. Fermez hermétiquement, secouez vigoureusement pour bien mélanger, laissez refroidir, puis réservez au réfrigérateur. Servez sur des glaçons.

• **SANS GLUTEN** • **VÉGÉTARIEN** • **VÉGAN** : remplacez le miel par du sirop d'érable.

« Je me coupe toujours les cheveux et me vernis les ongles avant une grande course. C'est un rituel de détente qui m'aide à me sentir soignée, féminine et confiante. »

—SHALANE

LA BOISSON SPORTIVE NATURELLE DE SHALANE

POUR UNE HYDRATATION INTENSIVE

50 cl d'eau filtrée

50 cl d'eau de noix de coco

12,5 cl de jus de cerise acidulé (facultatif)*

2 cuil. à soupe de jus de citron fraîchement pressé

1 cuil. à soupe de mélasse noire

¼ de cuil. à café de sel de mer

** Les jus de fruits sont riches en sucre, c'est pourquoi nous les diluons toujours avec de l'eau et les utilisons en petites quantités, principalement pour aromatiser. À défaut de jus de cerise acidulé (*Tart Cherry Juice*, en vente dans les magasins spécialisés dans le sport ou sur Internet), choisissez votre jus de fruit préféré.*

N'essayez jamais de nouvelles boissons le jour de la course. Les besoins énergétiques et d'hydratation variant énormément d'une personne à l'autre, il est important de les tester lors des entraînements pour trouver ce qui vous convient le mieux.

Vous n'avez pas besoin de consommer une boisson « bleu néon » artificielle pour atteindre la ligne d'arrivée plus rapidement. Si vous êtes à la recherche d'une boisson sportive naturelle, essayez celle-ci. Nous avons sélectionné chaque ingrédient afin de maximiser le réapprovisionnement en électrolytes (potassium, sodium, calcium, magnésium) et de fournir des glucides simples pour une énergie rapide. **Pour 1,2 litres**

- Eau de noix de coco : riche en potassium et magnésium, hausse rapide du taux de glucose
- Jus de cerise acidulé : teneur élevée en potassium, propriétés anti-inflammatoires et antioxydantes
- Mélasse noire : riche en fer, calcium et magnésium
- Sel de mer : reconstitue le sodium perdu en transpirant et d'autres oligoéléments essentiels

---

1 Versez tous les ingrédients dans un bocal à large ouverture. Fermez hermétiquement et agitez vigoureusement pour bien mélanger. Conservez jusqu'à trois jours au réfrigérateur.

2 Pour les courses longues, buvez-en 50 cl une heure avant de démarrer.

• **SANS GLUTEN** • **VÉGAN**

LA BOISSON DU GUERRIER

POUR S'HYDRATER APRÈS L'ENTRAÎNEMENT

25 cl d'eau de coco
25 cl de jus de cerise acidulé*
25 cl d'eau filtrée
Le jus de 1 citron vert
2 cuil. à soupe de graines de chia
1 ou 2 pincées de sel de mer fin

** Les jus de fruits sont riches en sucre, c'est pourquoi nous les diluons toujours avec de l'eau et les utilisons en petites quantités, principalement pour aromatiser. À défaut de jus de cerise acidulé (*Tart Cherry Juice*, en vente dans les magasins spécialisés dans le sport ou sur Internet), choisissez votre jus de fruit préféré.*

Après une séance de transpiration intense, vous aurez probablement besoin de plus que de l'eau pour vous réhydrater. Nous avons créé cette boisson rafraîchissante pour reconstituer les électrolytes sans tous les additifs présents dans la plupart des boissons du commerce conçues pour les sportifs. L'eau de coco est riche en potassium, le jus de cerise acidulé en antioxydants et le sel de mer en électrolytes et oligoéléments.

Les graines de chia ajoutent une bonne dose d'acides gras oméga-3, de protéines, de fibres et de minéraux. Dans les temps anciens, elles constituaient la nourriture de survie des guerriers aztèques… Se dilatant dans les liquides, elles aident votre corps à les retenir. **Pour 80 cl**

1 Versez tous les ingrédients dans un bocal à large ouverture. Fermez hermétiquement et agitez vigoureusement pour bien mélanger.

2 Réservez au moins 15 minutes au réfrigérateur pour permettre aux graines de chia de se gélifier. Secouez à nouveau juste avant de boire.

• **SANS GLUTEN** • **VÉGAN**

GELÉE DE POMME AU GINGEMBRE

POUR UN COUP DE FOUET PROTÉINÉ

40 cl de jus de pomme non filtré

2 cuil. à soupe de gélatine de bœuf en poudre*

12,5 cl d'eau bouillante

1 cuil. à café de gingembre frais pelé et râpé

** Recherchez une marque de gélatine de bœuf pure de grande qualité (de préférence de bovins nourris à l'herbe). Nous apprécions particulièrement la gélatine sans saveur* Great Lakes (Unflavored Gelatin) *ou les protéines vitales de gélatine de bœuf* (Vital Proteins Beef Gelatin). *Elles sont en vente sur Internet.*

Cette gelée n'est sucrée que par le jus de pomme, donc à peine. Si vous préférez une version plus douce, ajoutez 1 cuil. à soupe de miel en même temps que le gingembre.

Les poudres de protéines du commerce sont la plupart du temps difficiles à digérer comme à absorber : elles contiennent trop souvent nombre d'additifs nocifs. Shalane n'utilise pas de suppléments protéinés, pas même lors de ses entraînements de pointe : elle préfère des protéines d'origine naturelle.

Mais si vous devez vous supplémenter en protéines, choisissez de la gélatine de bœuf nature (de préférence bio). Des études ont démontré que le collagène qui la compose favorise la santé des articulations, maintient la santé des os et peut aider à réduire le temps de récupération après un long effort. Il est également apaisant, en particulier avec l'ajout de gingembre. Comme il gélifie dans un liquide, nous en avons fait des carrés de gelée fondante et savoureuse sans arômes ni colorants artificiels. **Pour 2 portions**

---

1 Dans un saladier, mélangez le tiers du jus de pomme avec la gélatine en fouettant jusqu'à dissolution complète de cette dernière. Laisser reposer 1 minute. Ajoutez l'eau bouillante, mélangez bien, puis ajoutez le reste du jus de pomme et le gingembre. Fouettez pour homogénéiser.

2 Versez dans un plat creux de 20 cm de côté. Réservez au moins 1 heure au réfrigérateur, jusqu'à ce que la gelée soit bien prise (vous pouvez aussi préparer la veille et réserver au réfrigérateur jusqu'au lendemain). Découpez en carrés avant de savourer.

• **SANS GLUTEN**

LAIT CHOCOLATÉ ANTI-INFLAMMATOIRE

POUR UNE BOISSON DE RÉCUPÉRATION

50 cl d'eau de noix de coco

2 cuil. à soupe de beurre d'amande ou de beurre de cacahuète

4 dattes dénoyautées ou 1 cuil. à soupe de mélasse noire

1 cuil. à soupe de cacao en poudre non sucré

2,5 cm de gingembre frais pelé et râpé

2,5 cm de curcuma frais pelé et râpé (facultatif)

25 cl de glace pilée

Les athlètes d'endurance adorent le lait chocolaté comme boisson de récupération post-entraînement. Le problème avec ceux du commerce est qu'ils sont trop sucrés et préparés à base de lait ultra-pasteurisé et homogénéisé, donc difficiles à digérer.

Nous avons créé cette alternative, sans produits laitiers, qui reconstituera rapidement vos réserves d'électrolytes et de glycogène, grâce à l'eau de coco, aux dattes ou à la mélasse. Les effets anti-inflammatoires du cacao sont amplifiés par ceux du gingembre et du curcuma. **Pour 2 portions**

1 Mixez tous les ingrédients au robot, en procédant par impulsions successives à la vitesse maximale, jusqu'à consistance lisse.

2 Transférez dans un bocal, fermez hermétiquement et conservez jusqu'à trois jours au réfrigérateur.

3 Si vous préférez une consistance plus épaisse de type smoothie, ajoutez aux ingrédients une banane pelée coupée en tronçons.

• **SANS GLUTEN** • **VÉGAN**

« Rappelle-toi. Un incident de parcours n'est qu'une étape pour un retour. »

—SHALANE,
APRÈS AVOIR REMPORTÉ
LE MARATHON DE NEW YORK
9 MOIS APRÈS UNE BLESSURE MAJEURE

LES 10 MEILLEURS CONSEILS DE SHALANE

1 ▸ REPRENDRE SES ESPRITS au plus fort des difficultés ! Pour mes séances d'entraînement, j'aime surmonter l'inconfort et la douleur que je ressentirai inévitablement le jour de la course. J'utilise des mantras pour m'aider à me concentrer et à vivre le moment présent. Par exemple, je peux me dire : « Tu as surmonté ceci ou cela ! » Ou penser à des citations inspirantes telles que : «Tu ne t'entraînes pas pour te sentir au mieux mais pour être au meilleur de ta forme lorsque tu ressens le pire. »

2 ▸ PRATIQUER DES EXERCICES CROISÉS. Pour éviter les blessures et l'épuisement professionnel, j'aime faire plus de travail cardio-vasculaire en soulevant des poids, en nageant, en pratiquant le jogging aquatique ou le vélo statique. Je remplace parfois ma deuxième course, l'après-midi, par une de ces activités si je me sens fatiguée.

3 ▸ VEILLER AUX BONS CARBURANTS. Une bonne hydratation, comme une alimentation correcte chaque jour, sont essentielles au succès lors des courses. Et pas seulement juste dans la semaine qui précède le jour de la compétition. Pendant les périodes d'entraînement, la préparation de repas équilibrés m'aide à récupérer, me rend heureuse et améliore mon état général. Le jour de la course, mon repas consiste en un grand bol de flocons d'avoine avec du lait d'amande, du miel, des noix ou des amandes, des bananes, des framboises ou des myrtilles. J'y joins mon café et ma boisson pour sportifs (voir la recette de notre boisson spéciale élaborée par Shalane à la page 233).

4 ▸ RIEN DE NEUF POUR LE JOUR J. La préparation est essentielle pour éviter les surprises du jour de la course. Je veille à chaque détail, y compris les sous-vêtements que je porterai ! De même pour mes repas préliminaires, mes chaussures, ma tenue, ma boisson pour sportifs, etc. Ne tentez rien de nouveau ce jour-là.

5 ▸ LES LONGS TRAJETS SONT ESSENTIELS. La pratique de base de mon entraînement au marathon est une distance approchante. Je cours de 32 à 45 km tous les 7 à 10 jours pendant ma saison de pointe. Cela procure d'énormes gains de condition physique ainsi que la certitude de tenir la distance. Pour ceux qui concourent sur des distances plus courtes comme un 5 000 mètres, leur objectif sera de 13 à 16 km.

6 ▸ SOYEZ INVENTIFS. Fixez-vous des objectifs et partagez-les ! J'en fixe trois pour chaque course : A, B et C (en cas de problème). Chaque jour, votre plan peut ainsi évoluer car il est important de ne jamais paniquer. L'objectif A étant la journée parfaite, B est mon prochain meilleur scénario, et ainsi de suite. Cela me permet de rester concentrée lorsque les choses se compliquent comme lors des essais du marathon olympique de 2016. J'ai alors su utiliser mes réserves physiques et mentales les plus profondes pour me tenir à l'objectif C au lieu d'abandonner. Cette concentration m'a permis de participer à mes quatrièmes Jeux olympiques.

7 ▸ SIMULER LE PARCOURS. Tel trajet comportera nombre de virages et de côtes, tandis que tel autre sera plat et rapide. J'aime effectuer mes entraînements sur des versions proches choisies là où je vis pour que mon corps et mon esprit s'habituent au profil de l'épreuve.

8 ▸ RALENTIR AVANT D'ATTEINDRE LE SOMMET. Cela se traduit par une réduction progressive de votre entraînement avant la course (pour un marathon, je recommande une période de 3 semaines). Certaines personnes souffrent de crises de panique et ont le sentiment qu'elles ne sont pas capables. J'aime utiliser tout le temps gagné pour dormir davantage et constater toute l'énergie que mon corps emmagasine pour le jour de la compétition ! Si je suis agitée et que j'ai besoin de distractions, je m'entoure d'amis pour prendre un café !

9 ▸ MÉNAGEZ VOTRE TEMPS DE SOMMEIL. Si je ne dors pas assez, je commence à être grincheuse, à manquer de concentration, je constate que mes jambes sont lasses. Alors, je consacre 9 heures au sommeil complétées par une sieste entre mes séances d'entraînement. Le repos permet au corps de récupérer complètement et de se reconstruire, ce qui est crucial lors des périodes d'efforts intenses. (Voir les conseils pour mieux dormir à la page 150.)

10 ▸ TRAJETS COURTS POUR AMÉLIORER LA FORME. Courir seulement 5, 10 ou 20 km est un excellent moyen de garder ma motivation ainsi que ma condition physique tout en m'entraînant pour un marathon. C'est aussi un bon test de condition physique qui me permet de savoir où j'en suis dans mon entraînement.

HISTOIRES VÉCUES

(VOS LETTRES)

Bonjour Shalane et Elyse,

Je suis une athlète de division 1 en cross-country et sur piste. J'ai reçu votre livre de cuisine comme cadeau de Noël de mon père et cela a changé ma relation avec la nourriture. Quand j'ai commencé à courir au niveau universitaire, j'étais obsédée par mon apport calorique, soucieuse de maigrir au plus vite et croyant fermement que la minceur était synonyme de rapidité. Bien que les temps aient chuté au début, cette approche n'était pas durable et j'ai développé une anémie et une aménorrhée sportives, puis deux fractures de stress. Pire : j'étais malheureuse et fatiguée de surveiller tous les aliments, épuisée par des entraînements exténuants sans apports caloriques efficaces, et finalement frustrée par la chute inexorable de mes performances. Recourir à de vrais aliments m'a aidé à recouvrer ma santé et à m'entraîner pour de meilleures performances. Je n'ai plus considéré la nourriture comme un ennemi, mais comme un plaisir attendu avec impatience après un dur travail accompli. Merci pour ces bonnes recettes et pour toute la joie et le bonheur que votre livre a ramenés dans ma vie.
Sincèrement,

Annais, 21 ans,
Tenafly, New Jersey

Shalane et Elyse avec un groupe de jeunes fans lors d'une tournée promotionnelle organisée par Fleet Feet *à Chapel Hill, en Caroline du Nord.*

Elyse,

Ma belle-sœur a acheté votre livre pour ma fille Hannah. C'était le meilleur cadeau possible pour une jeune athlète lycéenne qui débutait dans le cross-country en vivant des périodes de manque d'énergie. En tant que mère je m'inquiétais et, en plus de gérer certains épisodes d'hypoglycémie, j'essayais de l'encourager à mieux se nourrir. Elle perdait trop de poids alors qu'elle forçait son entraînement en évitant les glucides. Son lycée m'a fait part d'inquiétudes, soupçonnant une anorexie. Hannah a lu tout ce que vous avez dit concernant les réels besoins pour pratiquer la course et toute la famille a bénéficié des recettes, des conseils et des ingrédients de qualité.
Hannah est ravie de sa saison de ski de fond et enthousiaste à l'idée de se présenter en faculté. Elle parle même d'école de cuisine !
Alors qu'elle n'est encore qu'adolescente, elle m'impressionne par sa volonté de planifier et de cuisiner elle-même pour toute la famille. Elle a une bonne longueur d'avance sur moi à son âge.
Et notre époque est effrayante quand on pense que nos enfants s'informent exclusivement sur Internet.
Merci de nous avoir procuré une information sérieuse en écrivant votre ouvrage *Run Fast. Eat Slow*. !

Kimberley, 42 ans,
Charlotte, Caroline du Nord

Shalane et Elyse s'exprimant lors d'une tournée de lecture organisée par Footzone *à Bend, en Oregon.*

Ma vie a changé, les amis !

Je ne suis sûrement pas la plus rapide, mais comme mes aventures avec le livre coïncidaient avec un nouveau plan d'entraînement pour un semi-marathon en avril, je peux témoigner d'une meilleure santé globale ainsi que d'une récupération beaucoup plus facile que lors de mes courses précédentes sur cette distance. Mes « petites personnes », actuellement âgées de 7 et 8 ans, utilisent votre livre pour planifier nos repas, aidées par les photos car elles choisissent en se basant sur les belles images et les ingrédients qu'elles savent qu'elles aiment.
Ce livre de cuisine fabuleux a tout amélioré dans notre maison. Maman (39 ans) bénéficie de fabuleux parcours d'entraînement, sans doute grâce à une alimentation correcte. Papa (37 ans) élargit ses goûts tandis que les enfants s'impliquent dans la nutrition et les repas familiaux.

Merci sincèrement,
Courtney, 39 ans,
Michigan

Shalane et Elyse lors d'une course du Nike Run Club à Central Park pendant leur tournée promotionnelle.

Bonjour Elyse

Depuis que j'ai acheté votre livre, mon mari et moi avons décidé de cuisiner. Nous adorons ces repas et nous nous sommes bien amusés à les préparer avec de vrais aliments et de la matière grasse saine ! À notre grande surprise, nous avons appris la semaine dernière que j'étais enceinte de 8 semaines ! Je pense à 100 % que cela est devenu possible en modifiant notre alimentation ! Les médecins spécialistes de la fertilité venaient de nous dire que notre seule option était l'insémination artificielle. Alors merci pour toute votre aide.

Elisabeth, 25 ans,
Coaldale, Alberta

Bonjour Shalane et Elyse,

L'été précédant mon entrée au lycée, j'ai commencé à manger très peu, même alors que je pratiquais la course à pied intensément. C'est principalement à force d'entendre des gens (y compris des membres de la famille qui participaient autrefois à des courses) me dire que, pour être un bon coureur, il faut être extrêmement maigre. Beaucoup d'autres filles de notre groupe avaient un corps très fin (alors que mon type est plus musclé que mince). Heureusement, un entraîneur a remarqué que je perdais rapidement du poids avant que la situation ne dégénère. Malgré cela, les dernières années furent difficiles, car j'entendais tellement de choses sur le fait que rester filiforme était absolument nécessaire pour les meilleurs, que je me limitais souvent aux aliments que j'aimais pour m'empêcher de prendre du poids.

Cette année, vers le début de la saison sur piste, j'ai lu *Run Fast. Eat Slow*. Attirée par le succès de Shalane, j'ai immédiatement été séduite par ces incroyables recettes mais surtout par l'introduction. J'ai été surprise de constater que, même au niveau professionnel, Shalane mange elle-même des sucreries et des aliments riches en lipides (que j'avais auparavant qualifiés de « malsains ») tout en continuant à courir.

J'ai compris toute la différence dans ma perception de la nourriture et de l'alimentation. Et cela m'a permis de découvrir qu'être en bonne santé ne devrait jamais être synonyme de restrictions. Merci beaucoup pour cette opportunité et, surtout, pour la création d'un livre de cuisine qui enseigne à des filles comme moi qu'être maigre et en bonne santé n'est aucunement corrélé. Ce livre de cuisine m'a aidée à oublier les terribles pensées négatives que j'éprouvais, même un an et demi après la fin de mes troubles alimentaires. J'espère que vous continuerez à faire de délicieuses recettes qui permettront à des générations d'athlètes de bien se nourrir et de courir plus vite !

Sincèrement,
Sarah, 16 ans
Albuquerque, Nouveau-Mexique

Bonjour,

Je ne sais même pas par où commencer pour vous dire, Shalane et Elyse, combien vous avez changé ma vie. Je vais commencer par vous présenter mon passé. Il y a environ 4 ans, je souffrais de douleurs aiguës au tibia. Après de nombreuses visites chez le médecin, des séances de thérapie physique, des rayons X et des examens douloureux, on m'a diagnostiqué de graves fractures de stress le long du tibia droit. J'étais au sommet de ma carrière de sportive et m'arrêter ne me semblait pas possible, surtout parce que je souffrais d'un trouble de l'alimentation à l'époque.

Après avoir été forcée de suivre un traitement, j'ai heureusement pu récupérer, mais je n'aurais pas pu le faire sans le soutien total de ma famille et de mes amis.

Pendant 4 ans, je fus terrifiée à l'idée de courir à nouveau. Je pensais que j'étais trop faible pour le faire. Je ne comprenais pas comment certaines personnes pouvaient courir 10 miles ou plus par jour sans se blesser, alors que je me blessais après n'en avoir couru que 5.

Après avoir lu les histoires de Shalane et d'Elyse dans *Run Fast. Eat slow.*, puis, regardant Shalane se faire soigner, j'ai compris que je devais réessayer. Leurs histoires inspirantes m'ont motivée et m'ont redonné envie de recommencer ce que j'ai toujours aimé faire : courir.

Non seulement leurs histoires étaient motivantes, mais les recettes étaient à tomber par terre : elles m'ont proposé la nutrition dont j'avais besoin ET qui était délicieuse !

En toute honnêteté, je ne serais pas où je suis aujourd'hui sans Shalane et Elyse. La semaine dernière, j'ai couru ma première course depuis 4 ans. C'était aussi mon premier 10 km – une distance que je n'aurais jamais pensé pouvoir parcourir. Elles m'ont appris que personne n'est parfait, même les professionnels. Nous sommes tous blessés, nous avons tous nos luttes, mais ce sont ceux qui persévèrent qui survivent.

Merci beaucoup d'avoir pris le temps de lire mon histoire. J'espère que je pourrai partager ceci avec d'autres athlètes qui font face aux mêmes batailles que j'ai pu gagner.

Bryanna, 20 ans
Westbrook, Maine

Chère Elyse,

Je voulais juste vous envoyer un e-mail et vous dire qu'après avoir concentré mes efforts sur l'ajout de matières grasses saines à mon alimentation au cours des 5 derniers mois, j'ai naturellement enregistré un net progrès cet automne. Cela s'est produit après la fin de ma saison d'entraînement de marathon. Après des années passées à voir des médecins et sans jamais avoir entendu parler de changement de régime, je vous suis très reconnaissante, ainsi qu'à Shalane, d'avoir fait la lumière sur ce problème. Merci pour votre ouvrage, vos recettes et mes kilomètres parcourus en toute sécurité.

Félicitations pour le nouveau membre de votre famille et joyeux Thanksgiving !

Bien à vous,
Grace, 24 ans
South Bend, Indiana

REMERCIEMENTS

ENSEMBLE nous souhaitons exprimer notre profonde gratitude à l'équipe de rêve de *Run Fast. Eat slow.* Y compris :

À tous les membres de *Rodale Books* qui ont cru en notre livre dès le premier jour et ont travaillé sans relâche pour lancer notre deuxième ouvrage avant que Rodale ne devienne l'empreinte de *Penguin Random House.* Nous sommes particulièrement reconnaissantes à Maria Rodale pour tout ce qu'elle a fait pour l'industrie du livre sur la santé et le bien-être au cours des trente dernières années.

À l'équipe dynamique de *Penguin Random House* et *Harmony Books*, qui nous a chaleureusement invitées à faire partie de la famille et qui a cru en cet important projet. Merci infiniment à Diana Baroni, Kathryn Santora, Tammy Blake, Christina Foxley, Estefania Ospina, Michele Eniclerico, Terry Deal, Philip Leung et Mia Johnson.

À notre rédactrice dévouée, Dervla Kelly et notre agent de liaison en matière de marketing, Brianne Sperber. Lesquelles ont, toutes les deux, volontiers abandonné leurs bureaux pour nous rejoindre dans notre nouveau domicile à *Penguin Random House*. Merci pour votre amour et votre soutien au fil des ans.

À notre agent compatissant, Danielle Svetcov, qui continue d'être notre guide, notre entraîneur et notre amie dans ce parcours incroyable. Nous avons eu le meilleur agent qui soit.

À notre assistante de livre de cuisine, Natalie Bickford, qui est un as de la spécialité, une nutritionniste experte et une abeille ouvrière diligente. Merci d'avoir déménagé à Bend, en Oregon, afin de nous rejoindre pour ce deuxième livre.

Ainsi qu'à la géniale créatrice de livres de recettes, Rae Ann Spitzenberger, qui a donné vie à notre vision et l'a amenée à un tout nouveau niveau de qualité.

Et à notre talentueux photographe, Alan Weiner, qui nous a suivies patiemment, énergiquement et a supporté nos bêtises tout au long de ces deux livres.

Citons également : Ashley Marti, incroyable styliste culinaire, et A. J. Meeker, responsable technique dédié. Merci d'avoir rejoint notre équipe à nouveau. Vous êtes la raison pour laquelle chaque photo de nourriture dans ce livre est plus délicieuse.

Brasada Ranch, pour nous avoir accueillies sur leur magnifique propriété pour notre séance de photos.

Les Amis du Monde du coureur, dont Heather Mayer Irvine, Bart Yasso et David Willey.

Aly Mostel, journaliste vedette du livre de cuisine, qui avait fait preuve de sa magie pour organiser tous nos médias et événements pour le premier livre et a continué d'être notre plus grande « pom-pom girl » pour la suite.

Shalane et Elyse avec leur assistante Natalie Bickford, déjeunant à The Lot food carts *à Bend, Oregon.*

Notre équipe de testeurs de recettes, qui nous ont aidées à améliorer chaque recette, y compris Matt Llano, Gwen Jorgensen, Anne Bennett Osteen, Christina Nee, Emma Marie Astrike-Davis, Travis et Lydia Gaylord, Marie Billen, Kelly Devlin et Ava Cummings, Gina Pardi, Julie Stackhouse, Ally Ringer et Brittany Williams. Et un remerciement spécial à notre testeur de recettes en chef, Michael Weisberg, qui a volontiers accepté de vérifier chacune des recettes de ce livre.

Enfin, ce second ouvrage n'aurait pas été possible sans l'énergie incroyable de nos fans, qui ont partagé *Run Fast. Eat Slow.* avec tous leurs amis, ont posté de délicieuses photos sur Instagram, et nous ont constamment demandé d'écrire la suite. Nous sommes reconnaissantes pour ce soutien indéfectible de la part de la communauté des coureurs.

SHALANE REMERCIE...

Mon mari, Steve, qui a toujours tout abandonné pour que je puisse atteindre mes rêves et mes objectifs. Son amour et son indéfectible soutien me donnent la force de poursuivre des idées audacieuses.

Bowerman Babes, merci pour votre faim insatiable et d'avoir goûté à nos recettes dès leur première étape. Mon cœur sourit lorsque vous m'envoyez des photos de votre camp d'entraînement du *Run Fast. East Slow*. Nourrir ceux que j'aime, qui sont des athlètes de classe mondiale et des personnes sympathiques, est le sentiment le plus formidable que je puisse ressentir. Vous me motivez chaque jour. J'aime le fait de n'avoir qu'à regarder autour de moi pour trouver mon inspiration.

À mes parents, pour avoir encouragé leurs enfants à être farouchement indépendants et leur avoir permis d'être eux-mêmes. Merci de me montrer à quel point vous m'aimez et êtes fiers d'Elyse et de moi.

À mes entraîneurs, Jerry Schumacher et Pascal Dobert, qui ont toujours cru en moi, et grâce à qui j'ai enregistré des victoires dans les marathons des plus grandes villes.

À Makenna Schumacher, pour m'avoir rejointe dans la cuisine pour y tester nos recettes et pour être une fervente adepte des muffins de super-héros !

À *Running Community*, pour votre foi, votre soutien affectueux et vos encouragements.

Enfin à Elyse, mon héroïne. Ta motivation, ta passion et ta détermination sont effrayantes. Quoi que tu décides de verser dans ton cœur se transforme en or. Ce fut un privilège de te voir devenir la mère la plus aimante et la plus belle de Lily et Rylan. Je sais, au plus profond de moi, combien tu m'as soutenue avec ton amitié et nos recettes, pour cette victoire magique à New York. Merci à toi. Le meilleur reste à venir, ma belle !

ELYSE REMERCIE...

À mes deux adorables enfants, Lily et Rylan, qui sont ma plus grande fierté et ma plus grande joie. Vous voir grandir et devenir des enfants forts, en bonne santé et heureux, grâce à une nourriture incomparable, me permet de continuer à cuisiner tous les jours. Je chérirai toujours les nombreuses heures que vous avez passées dès vos premières années dans notre cuisine à tester les recettes des livres un et deux. Merci d'avoir fait de cet endroit le cœur de notre maison.

À Mon mari, Andy Hughes, qui n'a pas bronché quand j'ai voulu abandonner une carrière en marketing fructueuse et dépenser nos économies dans une école de cuisine. Je n'aurais jamais effectué cette énorme plongée dans l'inconnu sans ton indéfectible soutien. Merci de m'avoir encouragée à chaque étape. Tu es également le meilleur laveur de vaisselle au monde.

À ma grand-mère, Caren Arlas, qui apporte joie et rire à nos enfants. Je n'aurais pas pu écrire ce livre tout en m'occupant des deux petits sans ton aide bienveillante.

À ma sœur, Jessa Lyders, dont le parcours et la persévérance pour mettre au monde ses deux filles est ce qui m'a finalement inspiré pour écrire ces livres de cuisine.

À Bestie (Brittany Williams), qui s'est portée volontaire pour éditer mon premier brouillon alors que je me déménais pour terminer les tests de recette avant la naissance du bébé Ry.

Et, surtout, à Shalane Flanagan, qui a inspiré toute une nation quand elle a remporté le marathon de New York en 2017. Le fait de la voir réaliser enfin son rêve de toujours m'a fait pleurer. Je n'oublierai jamais Lily, âgée de trois ans, s'exclamant: « Maman, tu es heureuse et les larmes n'ont pas de sens. » Oh, mais si, parfois ! Je te suis vraiment reconnaissante pour notre amitié au cours de ces 18 dernières années jusqu'à partager des chambres d'hôtel à travers le pays pendant nos tournées de promotion. Lorsque deux femmes ambitieuses unissent leurs forces et croient fermement en une cause importante, les montagnes bougent. Merci de croire en ce livre qui est né de nos rêves communs. Bisous !

NOTE SUR LES PHOTOS

Les photos de ce livre ont été prises au fil du temps. Les photos en plein air ont été prises à Bend, Oregon, alors qu'Elyse était enceinte de 7 mois et avant que Shalane ne remporte le Marathon de New York. Les photos de maternité ont été prises alors qu'Elyse était enceinte de 38 semaines. Les photos de la cuisine ont été prises chez Shalane, à Portland, en Oregon, juste après sa victoire au marathon de New York, et Elyse, deux mois après l'accouchement. Les photos de reportage ont été prises pendant la tournée de promotion du livre.

À PROPOS DES AUTEURS

SHALANE FLANAGAN est médaillée olympique d'argent, a participé quatre fois aux JO, est championne du marathon du *TCS New York City* 2017, médaillée de bronze du monde de cross-country et multiple recordwoman américaine. Elle est la troisième marathonienne américaine la plus rapide de l'histoire avec un temps de 2:21.14. Shalane est la femme américaine la plus rapide sur le marathon de Boston, 2:22.02. Avec son co-auteur, Elyse Kopecky, elle est l'auteur à succès, pour le *New York Times*, de *Run Fast. Eat slow. Des recettes savoureuses pour les athlètes.*

Nike sponsorise Shalane depuis sa sortie de l'Université de Caroline du Nord à Chapel Hill en 2004. Elle court depuis 17 ans au niveau de l'élite et, généralement plus de 150 kilomètres par semaine. Elle attribue sa capacité à maintenir ce niveau d'entraînement à son régime alimentaire riche en nutriments. Se concentrer sur l'alimentation pour la santé et la performance fait partie intégrante de sa formation.

Shalane a fait la couverture du *Runner's World* de la course féminine, du *Running Times*, du magazine *Competitor* et de *Track and Field News.* Elle est apparue dans les émissions *Today*, *Good Morning America*, *Live with Kelly et Ryan*, *60 Minutes*, *ESPN* et Oprah. Son histoire a également figuré dans *Women's Health*, *Shape*, *USA Today*, le *Boston Globe* et le *New York Times*. Shalane parle avec passion de l'importance d'une saine alimentation lors de courses à travers le pays. Elle vit et s'entraîne à Portland, en Oregon. Suivez-la sur Instagram@shalaneflanagan ou sur runfasteatslow.com.

Shalane, tout sourire, quelques minutes après avoir remporté le TCS New York City Marathon !

ELYSE KOPECKY est une auteure à succès du *New York Times*, cheffe cuisinier, coach en nutrition et oratrice inspirée. Son amitié avec Shalane a débuté il y a plus de 18 ans au sein de l'équipe de cross-country de l'Université de Caroline du Nord. Après avoir obtenu leur diplôme, elles ont toutes deux déménagé à Portland, en Oregon, pour travailler pour Nike — Shalane en tant que coureur professionnel et Elyse comme productrice en marketing numérique.

La carrière d'Elyse l'emmène à l'étranger, où elle suit des cours de cuisine en Europe, en Afrique et en Asie. Armée de recettes étonnantes en provenance du monde entier, Elyse a commencé à cuisiner pour alimenter ses projets sportifs. Elle a découvert qu'en intégrant plus de lipides sains dans son alimentation, elle était plus forte, en meilleure santé et plus heureuse que jamais. Elle a quitté une carrière réussie de 10 ans en marketing pour aider les autres à bien manger et a déménagé à New York pour étudier à l'Institut de gastronomie naturelle pour la santé et les arts culinaires.

L'idée d'Elyse pour *Run Fast. Eat slow.* a commencé comme un petit rêve autour d'un repas fait maison chez Shalane. Elle n'imaginait pas que ce projet deviendrait un best-seller du *New York Times*, qu'elle serait traduite dans plusieurs langues et figurerait notamment dans *Runner's World*, *Women's Running*, *Outside Magazine* et *Good Morning America*, pour n'en nommer que quelques-uns.

Elyse vit à Bend, en Oregon, avec son mari, deux gentils enfants et un chiot turbulent. On peut la trouver sur IndulgentNourishment.com et sur Instagram@elysekopecky

Liste des recettes